KB081913

쓰레기책

쓰레기책

왜 지구의 절반은 쓰레기로 뒤덮이는가

이동학 지음

odos

이동학의
지구 유랑

아이슬란드
노르웨이 스웨덴 핀란드
네덜란드
덴마크
아일랜드 영국
독일 오스트리아
벨기에 체코 헝가리 우크라이나
룩셈부르크 프랑스 스위스 슬로베니아 크로아티아 몰도바
슬로베니아 세르비아 불가리아
바티칸 이탈리아
스페인
터키
이집트
이란 에미리트
러시아
카자흐스탄
몽골
우즈베키스탄 키르기스스탄
중국
동해
한국
대만
홍콩
필리핀
베트남
싱가포르
우간다 케냐
르완다 탄자니아
인도양
호주
남아프리카 공화국

61개국 157개 도시

1. **일본**: 도쿄, 히미, 요코하마, 구즈마키, 오사카
2. **중국**: 하얼빈, 장춘, 심양, 대경, 대련, 영구, 남경, 상해, 항주, 귀주, 심천, 쿤밍, 난닝, 북경, 텐진, 지난, 취푸
3. **홍콩**
4. **대만**: 타이베이, 루이팡
5. **필리핀**: 올롱가포, 수비크, 마닐라, 바기오
6. **아랍에미리트**: 두바이, 샤르자, 아부다비
7. **터키**: 이스탄불
8. **스페인**: 바르셀로나, 마드리드, 산탄데르
9. **프랑스**: 파리

10. **영국**: 런던, 글래스고, 에든버러
11. **아일랜드**: 코크, 더블린, 킬라니
12. **아이슬란드**: 레이캬비크, 케플라비크
13. **네덜란드**: 암스테르담, 로테르담, 덴하흐
14. **독일**: 베를린, 프랑크푸르트, 본, 도르트문트, 콧부스, 드레스덴
15. **체코**: 프라하
16. **오스트리아**: 빈, 잘츠부르크, 할슈타트, 인스브루크
17. **스위스**: 취리히, 베른
18. **이탈리아**: 밀라노, 볼로냐,

피렌체, 피사, 시에나, 로마, 폼페이, 쏘렌토, 베네치아
19. **바티칸**
20. **산마리노**
21. **크로아티아**: 자그레브
22. **슬로베니아**: 류블랴나
23. **헝가리**: 부다페스트
24. **세르비아**: 베오그라드
25. **불가리아**: 소피아
26. **루마니아**: 부쿠레슈티
27. **몰도바**: 키시너우
28. **우크라이나**: 키예프, 리비우
29. **러시아**: 모스크바, 카잔, 옴스크, 이르쿠츠크, 바이칼호
30. **카자흐스탄**: 알마티, 심켄트, 사라가치

미국

캐나다

미국

대서양

멕시코

태평양

콜롬비아

페루

브라질

칠레

우루과이

아르헨티나

31. **키르기스스탄**: 비슈케크
32. **우즈베키스탄**: 타슈켄트, 사마르칸트
33. **이집트**: 카이로
34. **탄자니아**: 다르에스살람, 아루샤, 잔지바르
35. **케냐**: 나이로비, 나이바샤
36. **우간다**: 캄팔라
37. **르완다**: 키갈리
38. **남아프리카 공화국**: 요하네스버그, 프리토리아, 케이프타운
39. **브라질**: 상파울루, 리우데자네이루, 포스두이구아수, 쿠리치바, 포르투알레그레
40. **우루과이**: 몬테비데오

41. **아르헨티나**: 부에노스아이레스
42. **칠레**: 산티아고, 칼라마, 아리카, 타크나
43. **페루**: 아레키파, 리마
44. **콜롬비아**: 보고타
45. **멕시코**: 멕시코시티, 테오티우아칸, 쿠에르나바카
46. **미국**: LA, 산호세, 샌프란시스코, 시애틀, 보스턴, 뉴욕, 워싱턴, 미니애폴리스, 뉴헤이븐, 하와이
47. **캐나다**: 밴쿠버, 토론토, 오타와, 몬트리올
48. **벨기에**: 브뤼셀
49. **룩셈부르크**: 룩셈부르크

50. **덴마크**: 코펜하겐
51. **노르웨이**: 오슬로
52. **스웨덴**: 스톡홀름, 말뫼
53. **핀란드**: 헬싱키, 로바니에미, 탐페레
54. **에스토니아**: 탈린
55. **라트비아**: 리가
56. **리투아니아**: 빌뉴스
57. **몽골**: 울란바토르
58. **베트남**: 사빠, 하노이, 호찌민
59. **싱가포르**: 싱가포르
60. **호주**: 시드니, 브리즈번
61. **한국**: 서울, 인천, 세종, 부산

세상 사람들을 일일이 만나고 세상의 흐름을 공부하겠다며 지구를 유랑하는 사람이 전 세계에 얼마나 될까요? 그렇게 고생스러운 여정을 통해 처음 발간하는 《쓰레기책》은 저에게도, 우리나라에도 시사하는 바가 크다고 생각합니다.

— **권기재** 전 (사)대한민국신지식인협회 회장

이 책은 세상을 바꾸고자 하는 저자의 의지와 행동으로 만들어진 값진 결과물입니다. 지구인들의 도움이 없었다면 2년간의 여정이 불가능했을 것이라는 저자의 말처럼, 《쓰레기책》역시 서로가 서로를 도와 지구 환경 문제를 해결하는 데 좋은 거름이 되길 바랍니다.

— **김상곤** 전 교육부장관 겸 부총리

무엇보다 '쓰레기 문제'에 많은 관심을 갖고 지구촌 곳곳을 직접 둘러보면서 대안을 연구했다고 하니, '지구촌장'이라는 직함에 모자람이 없어 보입니다.

— **박남춘** 인천광역시장

이동학 지구촌장에게 세계여행을 떠난다는 전화를 받은 날이 엊그제 같은데, 벌써 2년이라는 시간이 흘렀네요. 처음부터 단순한 여행이 아닐 거라고 짐작은 했지만 우리 사회에서 꼭 필요한 '환경'을, 구체적으로는 '쓰레기' 문제를 품고 귀국한 것에 큰 감명을 받았습니다.

— **박원순** 전 서울특별시장

이동학 촌장이 지구를 한 바퀴 돌겠다며 찾아왔을 때, 다른 나라의 공무관들은 어떻게 일하고 있는지 봐달라고 청했습니다. 그 작은 청 하나가 이렇게 멋진 내용을 담은 책으로 나오게 될 줄은 저도 상상하지 못했습니다. 전 세계를 직접 돌면서 쓰레기의 시작과 끝을 살펴본 최초의 인류가 아닐까도 감히 생각해봅니다.

— **안재홍** 서울특별시청노동조합 위원장, 광진구청 공무관

61개국 157개 도시를 걸으며 시민과 도시, 환경과 미래를 고민한 이동학 지구촌장의 발자취가 저와 여러분에게 전달되길 기대합니다. 그래서 우리가 더한 몇 발자국이 길이 되고 지구촌을 변화시킬 큰 힘이 되길 희망합니다.

— **양승조** 충청남도지사

《쓰레기책》은 글로벌을 바라보는 창문과 같습니다. 이 안에 문제와 해결을 잘 담고 있습니다. 이 책을 통해 글로벌과 미래에 대한 꿈을 키우고 도전하는 젊은이들이 많아지길 기대합니다.

— **이양구** 전 우크라이나 대사, 외교관

《쓰레기책》은 쓰레기 문제를 아주 단순하고 명쾌하게 잘 보여주고 있습니다. 이 책을 통해 쓰레기 문제가 나쁜만 아니라 우리 후손의 문제이며, 우리 사회가 앞으로도 지속하기 위한 미래의 문제라는 걸 인식하고 행동으로 옮길 수 있는 소중한 계기가 되길 바랍니다. — **이재명** 경기도지사

* 이름은 가나다순입니다. 전문은 252쪽에 있습니다.

들어가며

쓰레기는
돌아오는 거야

지난 2년간 오대양 육대주의 61개국 157개 도시를 누볐습니다. 수백 년 전, 우리 조상들이 태어나 죽을 때까지 만난 세계는 그저 한반도였고 더 넓혀봐야 중국이나 일본 정도였죠. 그러나 지금 우리는 지구를 일일생활권으로 삼고 있습니다. 휴전선으로 북이 막혀 있고 삼면이 바다인 한국은 섬나라와 다를 바 없었지만, 수출주도형 경제를 채택하고 지구 전체에 펼쳐진 바다와 하늘을 넘나들며 3만 달러의 경제대국이 되었습니다.

문득, 지구인들이 어떻게 사는지 궁금했습니다. "지구는 둥그니까 자꾸 걸어 나가면 온 세상 어린이를 다 만나고 오겠네." 하는 노랫가락이 귓가에 맴돌며 호기심을 부추겼습니다. 지구상에 존재하는 나라 중 한국이 고령화 속도가 가장 빠르다는데, 폐지를 줍는 어르신들의 모습을 보며 이런 나라가 또 있나 궁금해졌고 직접 눈으로 확인해보고 싶은 마음이 생겼습니다. 고령화로 인해 파생될 갈등이 눈에 뻔히 보이는데 이렇다 할 양보나 합의를 만들어내지 못하는 정치 현실도 안타까웠습니다. 그렇게 저는 지구를 돌아보기로 했습니다.

지구를 돌며 크게 느낀 몇 가지 세계적 현상이 있습니다. 우물 안에서는 체감하지 못했던 것들이었지요. 지구 곳곳의 현장이 주는 울림 있는 체험이었습니다.

먼저, 작은 도시들이 소멸하고 있습니다. 국내의 도시 간 이동을 넘어 세계도시 간의 개념으로 확장되고 있죠. 인류는 섞이고 있습니다. 식민지시대가 끝나고 제국주의자들은 자국으로 돌아갔지만, 현대의 아프리카인들은 자국을 떠나 유럽으로 향하고 있습니다. 중남미에서는 베네수엘라의 경제난민이 다른 나라들에 도미노 난민 현상을 일으키고 있고요.

또 저출산이 심화되고 있습니다. 인구 지속가능성의 잣대로 제시되는 2.1명이 유지되는 나라는 이제 중앙아시아, 동남아시아, 중동과 아프리카 등 여성 인권이 낮거나 경제적 수준이 낮은 지역들입니다. 아이러니하게도 출산 친화적인 시도를 하면 할수록 출산율이 저하되는 현상을 맞이하거나 재정 부담으로 정책을 선회하는 모습이 나타납니다. 프랑스나 북유럽의 통계수치도 그렇게 나타나고 있죠. 이는 마치 풍선을 쥔 것처럼 반대 방향에서 고령화를 심화시킵니다.

이 모습들을 직접 보며 깨달은 것은 '거부하기 힘든 흐름'이라는 것입니다. 인류는 효율을 기하기 위해 도시를 만들고 가꿔왔고 앞으로도 그럴 것입니다. 갖가지 이유로 유입되는 도시민 행렬을 막기 어려울 것이고, 그에 따라 파생되는 문제에 대처하지 않으면 안 되게 되었습니다. 이름하여 도시의 역습입니다. 아파트, 도로, 자동차, 병원, 식량, 상하수도, 에너지 등은 도시가 효율적으로 관리될 수 있음을 보여주고 있지만 명암은 늘 한 쌍입니다. 세계가 모두 연결되어 있다는 현실은 기회이기도 하지만 많은 것을 감당해야 함을 의미하기도 합니다. 여기서 제가 아주 크게 깨달은 또 한 가지가 있습니다. 바로 '환경문제'입니다.

쓰레기의 역습

저는 인류가 지구를 정복했다는 시각에서 벗어나기로 했

습니다. 인류가 동물, 자연과의 공존에 실패하고 있다는 이유도 있지만, 곱씹어보면 볼수록 플라스틱이 인간보다 우위에 있다고 생각하게 됩니다. 누군가는 인류 최고의 발명품이 플라스틱이라고 말했는데, 지금 당장 해결에 나서지 못하면 최악의 발명품으로 기록될 것이고, 머지않아 인류가 살기 어려워지면 그 기록조차 의미 없어질 테지요. 자연과 동물을 괴롭힌 대가가 그대로 돌아오게 되는 겁니다. 최근 기후변화라는 단어는 '기후 위기'로 바뀌고 있습니다.

위기 탈출을 위한 도시들의 노력이 없는 것은 아닙니다. 그럼에도 기후 위기로까지 불리게 된 이유는 환경이 오염되는 속도가 해결 노력의 속도보다 훨씬 빠르기 때문입니다. 태평양 한가운데엔 프랑스 면적의 세 배에 달하는 플라스틱 밀집 존이 존재합니다. 어획에 쓰는 어망부터 비닐류를 비롯해 다양한 플라스틱들이 모여드는 곳입니다. 플라스틱은 시간이 지나면 잘게 부서질 뿐 자연분해가 되지 않습니다. 먹이로 오인한 해양생물들의 몸속으로 들어간 플라스틱은 어류를 죽음에 이르게 하거나 미세플라스틱이 되어 인간의 식탁에 오릅니다.

2018년 중국은 전 세계에서 수입하던 플라스틱 폐기물에 대해 수입중단을 단행했습니다. 각국 도시에서 편리하게 쓰고 버린 플라스틱 쓰레기는 갈 곳을 잃었죠. 상당량을 중국으로 보내던 나라들은 매립지를 충분히 확보하지 못하고 있고, 소각장의 처리량에서도 과부하가 걸려버렸습니다.

이제 쓰레기는 내가 사는 도시에 누적되기 시작했습니다. 매립, 소각, 재활용 등 세 가지 방식이 그나마 쓰레기를 처리할 방법이지만, 혐오시설이라는 선입견과 현실 문제에 근거해 매립과 소각의 한계는 분명합니다. 재활용은 엄격한 분리수거를 전제로 하니 모두가 조금 더 귀찮아지는 것을 감수해야 하기에 어려움이 따르고요.

또 하나의 방법은 애초에 플라스틱 사용을 줄이는 것입니다. 플라스틱 제품군 또는 플라스틱 포장재에 세금을 붙여 플라스틱 사용을 꺼리게 하거나 원천적으로 생산을 줄이도록 하는 거죠. 캐나다는 2021년부터 일회용 플라스틱 사용을 전면금지했고, 파키스탄 등 70개 이상의 나라에서 일회용 비닐봉지 사용을 금지했습니다. 플라스틱을 점차 없애 쓰레기 배출을 획기적으로 줄이거나, 사용하더라도 쓰레기 처리로 발생하는 비용을 부과하는 것이죠. 생산자와 사용자가 기꺼이 비용을 부담하는 것에 합의하는 룰을 만들어야 합니다.

쓰레기와 기후변화가 무슨 상관이냐고요? 사실 플라스틱 쓰레기 문제는 자본주의와도 깊은 연관이 있습니다. 자본주의가 추구하는 것은 수익입니다. 수익이 발생하려면 재화와 용역, 서비스 등을 판매해야 합니다. 화폐와 맞바꾸는 체계이기 때문에 끊임없이 무언가를 만들어야 하죠. 플라스틱이 판매상품 그 자체가 될 수도 있지만, 판매하고자 하는 상품의 포장이 되기도 하고 상품의 일부가 되기도 합니다. 더 팔아야만 하는 자본주의의 속성상 플라스틱 생산이 많아질 수밖에 없는 구조이고 이는 최종적으로 쓰레기화됩니다.

또 플라스틱은 석유에서 얻습니다. 화석연료로부터 파생되기 때문에 생산과 처리에서 탄소 배출을 대체로 피할 길이 없습니다. 지구의 온도가 계속 올라가면 엄청난 얼음이 녹아 바닷물의 양이 많아지죠. 양이 많아지면 물은 우리가 사는 땅 위로 올라오게 됩니다. 그뿐 아니라 비가 오는 주기, 수량 등에도 변화를 가져오게 됩니다. 태풍, 폭우, 폭설, 가뭄 등 예측하기 어려운 재난이 일어나기도 합니다. 기후 위기란 관성을 벗어난 날씨가 많아지고 있다는 것의 다른 말입니다.

그런데도 쓰레기 문제는 중요한 논의 테이블에 오르지

못하고 있습니다. 정치 의제화되지 못하고 경제성장이라는 목표 아래 그저 감당해야 하는 일로 치부되고 있지요. 그 어느 때보다 더 큰 위기에 직면했는데도 말입니다. 미래에 닥칠 상황에 대처하려는 노력이 통째로 빠져 있는 것이죠. 이대로 계속 가다가 지구는 사람이 살 수 없는 땅으로 변하고 말 것입니다.

그래서입니다. 우리가 문제를 인식하고 해결에 나선다면 우리 운명을 우리가 바꿀 수 있지 않을까요.

2020년 2월
지구촌장 이동학

CONTENTS

—— **CHAPTER 3**

묻거나 태우거나 다시 쓰거나

—— **CHAPTER 4**

누구나 알지만
누구도 모르는 쓰레기의 비밀

CHAPTER 1

쓰레기는 어디서 오는가

오늘날 쓰레기는 대부분 플라스틱의 형태를 띱니다.

물병, 장난감, 볼펜 등 우리 생활에 밀접한 제품들이

주로 플라스틱입니다.

우리가 입는 옷도 대개 플라스틱이죠.

쓰임이 다한 플라스틱은 쓰레기통으로 향합니다.

—— 쓰레기 뒤지는 사람, 대만

기억

남루하다 못해 천을 걸친 것 같은 옷차림으로 잃어버린 물건을 찾듯이 샅샅이 뒤지는 사람. 요즘 한국에서는 찾아보기 힘든 풍경이죠. 쓰레기통을 뒤지는 이유가 혹여나 누군가 먹다 버린 음식을 찾기 위해서일까요? 하나의 도시를 지나고 열 개의 나라를 거치면서 눈에 들어온 똑같은 이 장면이, 꼭 먹을 것을 찾는 것은 아니라는 사실을 알게 되었습니다.

플라스틱.

왜? 일거리가 없는 사람들이, 타인의 관심에서도 도시정책에서도 소외된 사람들이 도시에서 생을 유지할 중요한 수단이니까요.

어떻게? 어린 시절 우리도 그랬죠. 동네 곳곳을 돌며 소주병, 맥주병, 값을 많이 쳐주던 오렌지주스 병 같은 걸 수집하던 일 말입니다. 그 시절의 기억이 떠올랐어요, 샅샅이.

탄생

오늘날 쓰레기는 대부분 플라스틱의 형태를 띱니다. 반찬
통, 장난감, 볼펜 등 우리 생활에 밀접한 제품들이 주로 플
라스틱입니다. 마트에서 사 마시는 물병이나 음료수병도
그렇고요. 사실 여행을 떠나기 전까진 몰랐습니다. 비닐봉
지도 플라스틱이라는 것을요. 자동차 범퍼도, 네온사인 간
판도, 물고기를 잡는 그물도, 우리가 입는 옷도 대개 플라
스틱이라는 사실을 알게 됐죠. 쓰임이 다한 플라스틱은 쓰
레기통으로 향합니다.

그런데요, 처음부터 플라스틱이 우리 생활 곳곳에 자리하

게 된 것은 아니었습니다.

형태를 만든다는 plastikos라는 그리스어에서 유래한 단어 plastic은 '셀룰로이드'라는 이름으로 처음 세상에 등장하는데, 미국 남북전쟁 직후인 1869년으로 거슬러 올라갑니다. 전후에 도심지역에서 당구가 유행했는데, 상아로 만든 당구공이 비싸서 이를 대신할 소재로 탄생하게 된 것이죠.

이후 1907년에 이르러 L. 베이클랜드가 최초의 합성수지인 페놀수지(베이클라이트)를 발명 특허하면서 1921년 요소수지, 1927년 아크릴수지, 1939년 멜라민수지, 2차 세계대전 이후엔 불포화폴리에스테르수지, 에폭시수지 등이 발명되며 공업화되었습니다. 특히 1937년 미국 듀폰사를 통해 세상에 나온 나일론(폴리아미드)은 플라스틱 시대를 열었습니다.

애초 석탄화학에서 탄생한 플라스틱은 이후에 석유화학 시대를 맞으며, 가솔린을 만들 때 나오는 나프타를 800℃ 이상의 고온에서 분해시켜 에틸렌이나 프로필렌 등 여러 종류로 만들게 되었습니다. 쓰고 버려질 운명의 부산물을 연료로 석유화학공업의 규모를 이루게 된 것이죠. 간단히 말해서 내구성, 내열성 등이 뛰어나 금속재료를 대체하는 기계부품으로도 사용하게 된 겁니다. 이후에도 독일과 이탈리아에서 1953년 폴리에틸렌과 폴리프로필렌을 개발했고요.

아, 잠시만요. 무슨 용어들인지 이해가 잘 안 되시죠? 플라스틱이라고 하는 것은 하나의 재료가 아닙니다. 재질이 모두 다르고, 무엇과 섞느냐에 따라 생김새도 달라지지요. 처음부터 어려운 이야기를 잔뜩 늘어놨네요.

그럼 더 쉽게 우리가 실생활에서 사용하는 물건으로 설명해보겠습니다. 플라스틱으로 만든 물건들이 한국에 언제 등장했는지 한번 살펴봅시다.

플라스틱은 서서히 우리 삶에 들어왔습니다. 인류의 필요에 따라 개발되고 수정되어왔죠. 플라스틱의 가장 큰 장점은 원하는 모양대로 변형이 가능하고 매우 튼튼하다는 것입니다. 인류는 플라스틱의 탄생으로 작게는 실생활에서 불편함을 없앴고, 크게는 우리의 터전인 도시를 만들면서 매우 유용하게 활용할 수 있었습니다. 당구공을 시작으로,

년도	플라스틱의 형태
1945년	안경테, 만년필
1946년	삼각자, 필통, 책받침, 자
1950년대 초	주방용품- 대야, 양동이, 바가지, 식기류, 젓가락 생활용품- 빗, 비눗갑, 칫솔, 담뱃갑, 파리채, 바구니, 신발장, 신발
1954년	비닐시트, 필름
1956년	PVC 파이프
1957년	비닐장판, 비닐우산, 얼음과자, 비닐하우스
1959년	의자, 소파, 침대, 완구
1960년대 초	전선, 라디오, 선풍기, 가정용품, 조화, 단추, 그물
1960년대 후반	책표지, 앨범, 자동차 시트, 가방원단, 사탕, 빵, 과자 포장재
1970년대 초	마대자루, 상자, TV, 자동차, 일회용 포장용기, 차광막, 텐트
1970년대 후반	창틀, 일회용 주사기, 온돌파이프
1980년대 이후	쓰레기봉투, 페트병, 가구, 핸드폰

세상에 존재하는 거의 모든 물체에 플라스틱이 존재하니까요.

지금 이 순간, 주위를 둘러보세요. 우리는 수없이 많은 플라스틱에 둘러싸여 있습니다. 그리고 상상해보세요. 플라스틱이 사라진 세상을. 아마도 상상 자체가 어려울 거예요.

점령

지구 유랑을 떠나기 전만 해도 저는 인간이 지구를 점령했다고 생각했습니다. 인간은 마음대로 자연을 파헤쳤고, 동물들을 사육하여 식량자원으로 만들었습니다. 먹이사슬 꼭대기에 성공적으로 도달한 거죠. 사나운 호랑이와 거대한 코끼리를 동물원이라는 감옥에 가두고 교육이라는 명목으로 구경을 다닙니다.

강줄기엔 댐을 만들어 물을 가두었으며, 땅을 파서 마실 물과 농업용 물을 구하기도 했습니다. 땅 위에 금을 그어 놓고 인간 개인이 땅을 소유하게 하고 개인이나 기업, 공권력이라는 이름으로 땅을 파고 시멘트를 쌓아 올렸습니다. 모두 인간 자신을 위해서였습니다. 땅을 파 채취한 자원은 인간에게 편리한 새로운 물건을 탄생시켰습니다. 그중 플라스틱은 단연코 선두에 있습니다.

플라스틱은 앞서 다룬 '탄생' 이래로 얼마나 세상에 나왔을까요? 관련 연구가 존재할까 의심스러웠지만 찾아보니 미국의 과학정보 사이트 '사이언스 어드밴시스'에 논문이 올라와 있었습니다. 2017년 6월에 게시되었으니 따끈따끈한 자료지요. 그런데 한 가지 유의할 점은 이 논문에 제

시된 수치가 확실한 것은 아니며 대개는 추정이라는 점입니다.

생각해보세요. 플라스틱이 얼마나 생산됐는지, 지구에 얼마나 퍼져 있는지 누가 알 수 있을까요.

150년 전에 탄생해 100년 전부터 상용화되기 시작한 플라스틱의 행방을 명확한 근거로 추적하기란 불가능한 일입니다. 종류도 매우 다양할 뿐만 아니라, 플라스틱으로만 만들어진 물건 외에도 일부 첨가되어 구성체를 이루는 경우까지 하면 그 종류를 헤아릴 수 없을 정도로 많습니다. 이런 이유로 플라스틱이 얼마나 세상에 나왔고 어디로 갔는지는 명확히 알 수가 없습니다.

이 논문은 플라스틱의 생산과 사용, 폐기된 용량을 추적한 거의 유일한 자료입니다. 이 자료에 따르면 2015년까지 생산된 플라스틱은 83억 톤에 달하며, 쓰레기가 된 양은 무려 63억 톤에 이릅니다. 이 중 재활용이 6억 톤인 9% 남짓이지만, 이 중에서도 2회 이상 재활용되는 비중은 10% 남짓입니다. 나머지 5억 톤은 다시 버려지거나 소각되는 결말을 맞습니다. 애초에 버려진 폐기물 중 8억 톤은

소각되고, 49억 톤이 땅에 매립되거
나 지구 구석구석에 자리하고 있는
것이죠.

실제로 히말라야산맥, 아이슬란드
빙하, 하와이해변, 아마존강변, 세렝
게티 초원 등 높고 낮음에 관계없이,
땅과 물에 관계없이 플라스틱이 존
재합니다. 플라스틱은 산, 땅, 물을
거쳐 결국 바다에 이르게 되는데, 해
양생물이 이를 먹고 결국 인간의 식
탁에도 오릅니다.

이쯤 되면 묻지 않을 수 없습니다.
인간이 지구를 지배한 것인가,
플라스틱이 지구를 점령한 것인가.

—— 비닐 포장지도 플라스틱의 일종이다

풍경

마트의 풍경입니다. 상품 자체가 플라스틱으로 이루어져 있거나 플라스틱으로 포장되어 있습니다. 채소도, 과일도, 물도, 옷도, 과자도 모두 플라스틱과 함께 있습니다. 상품이 유통되는 과정에서 파손을 막기 위해, 상품 가치가 높아 보이게 만들어 더 높은 가격을 책정하기 위해, 또 편리함 그 자체를 위해.

어떤 이유에서건 우리는 지금 플라스틱을 빼고는 소비를 이야기할 수 없는 시대를 살고 있습니다.

CHAPTER 2

쓰레기는
어디로
가는가

우리는 쓰레기가 어디로 가는지에

전혀 관심이 없습니다.

쓰레기가 휴지통으로 사라지는 순간

완전히 결별했다고 생각합니다.

그저 어디론가 잘 갔겠거니 무심코 생각할 뿐이죠.

그런데 과연 그럴까요?

잘 가, 쓰레기

새로운 상품에 대한 소비행위가 이루어지면 '사용'이라는 과정을 거칩니다. 핸드폰처럼 오래 두고 사용하는 물건이 있는가 하면, 순식간에 길바닥에 버려질 운명을 타고난 플라스틱도 있죠. 우리가 일회용 쓰레기라고 부르는 것들 말입니다.

인류는 삶의 터전을 깨끗하게 보이게 하려 도시 곳곳에 쓰레기통을 설치했습니다. 사용은 개인이 하지만 처리는 공동으로 하는 도시의 효율성을 이용하기 위함이죠. 일상을 살아가는 사람들에게 다가왔던 플라스틱은 쓰임을 다하고

── 거리에서 청소기를 돌리는 청소회사 직원, 이탈리아

── 도심 공터에 버려진 쓰레기더미를 뒤지는 동물들, 케냐 나이로비

는 쓰레기통으로 골인합니다. 그렇게 일상인들은 쓰레기와 결별합니다. 그런데 어쩐지 쓰레기의 종착지는 거기가 아닌 것 같네요. 쓰레기가 모여든 어떤 곳에서 동물들은 쓰레기를 먹습니다. 진짜로 먹이인 줄 아는 거예요. 인간은 물건을 사용하고 쓰레기통에 넣으면 그만이지만요.

우리는 쓰레기가 어디로 가는지에 전혀 관심이 없습니다. 그저 어디론가 잘 갔겠거니 무심코 생각할 뿐이죠.

쓰레기더미에서
노는 아이들

이곳은 필리핀 마닐라의 교외 지역인 바세코 마을입니다.
이 마을 아이들은 흙이 아니라 쓰레기더미 위에서 놉니다.
태어날 때부터 그랬기 때문에 쓰레기를 쓰레기로 여기지
도 않습니다. 그저 삶의 일부일 뿐. 놀이터마저 쓰레기에
둘러싸여 있습니다. 어릴 적부터 가지고 노는 장난감도 비
닐봉지나 플라스틱.

바세코 마을은 마닐라 베이라는 곳에 위치하고 있습니다.
해류의 특성상 바닷물의 종착지 역할을 하는 곳입니다. 그
래서 마을 해변으로 해양쓰레기들이 모여드는 것이지요.

소득이 낮은 바세코 마을 사람들은 플라스틱과 유리병 등
재활용 자원에 대한 의식이 높은 편입니다. 재활용 재료들
을 모아내는 것이 마을 사람들의 주요한 수입원이기 때문
입니다. 아이들도 예외가 아니지요.

필리핀 해안이라고 해서 필리핀산 쓰레기만 있는 건 아닙니다. 사람들이 바다로 무분별하게 쓰레기를 투기해서만도 아닙니다. 기후변화로 태풍과 홍수가 육지를 쓸어버리기도 하고, 선박의 해운 과정에서 컨테이너가 바다로 쏟아지기도 합니다. 그렇게 지구의 육지와 바다 곳곳에서 해류를 따라 몇몇 특정 바다로 쓰레기가 모이게 되는데, 그 피해를 바세코 마을 사람들이 보고 있는 것이죠.

2019년 외신에서 마닐라 베이의 해양쓰레기를 보도한 이후, 필리핀 정부와 시민단체 등을 중심으로 쓰레기 퇴치행동에 나섰습니다. 주민들은 일시적으로 효과가 있을 뿐 쓰레기는 또다시 밀려올 거라고 말합니다.

바세코는 마닐라 베이에 위치한 마닐라의 흔하디흔한 빈민가입니다. 상하수도가 없어서 600원짜리 식수를 사야 하고, 생활수는 매번 급수를 받아야 합니다. 마을에 들어서니 흘러나오는 생활폐수 냄새가 코를 찌르고, 마치 개농장에 온 것같이 동물 냄새가 골목을 휘감아 머리를 지끈거리게 합니다. 아이들은 쓰레기더미 옆에서 자전거를 타고 농구를 합니다. 쓰레기가 반쯤 섞인 곳에서 헤엄치는 것이 아이들의 일상입니다. 구역질이 납니다. 마을에서 나오는 냄새 때문이 아니에요.

마을 곳곳에 붙어 나부끼는 번드르르한 정치인들의 선거 포스터 때문입니다.

—— 드넓은 땅에는 쓰레기산뿐이다, 몽골

드넓은 몽골,
드넓은 쓰레기산

이곳은 몽골입니다. 지난날 세상을 품었던 칭기즈칸의 후예들은 어떻게 살고 있는지 궁금했습니다. 드넓은 초원에 야생마가 뛰노는 장면을 상상했지만, 제 눈에 보이는 것은 쓰레기산뿐이었습니다. 몇 톤의 쓰레기가 도시로부터 뿜어져 나오는지, 어떻게 처리해야 하는지도 미궁입니다. 매립이나 소각도 아니고 그냥 던져놓고 쏟아놓습니다.

울란바토르는 과거 소련에서 50만 명 정도의 도시민이 살 것을 상정하여 만든 계획도시입니다. 그러나 도시민에 등록되지 않은 시민들을 포함하여 최소 140만에서 최대

180만 명이 거주하는 것으로 추정됩니다. 그 수를 정확히 파악하지도 못합니다. 더 이상 전입 인구를 받아주지도 않습니다. 무작정 도시로 나온 몽골인들은 도시 외곽에 텐트를 치고 살기 시작했습니다. 수도와 난방도 연결되지 않은 곳입니다. 세계에서 가장 추운 수도로 알려진 울란바토르의 혹독한 겨울을 이들은 어떻게 나는 것일까요.

게르 촌(몽골텐트 밀집촌)은 불과 약 15년 전부터 생기기 시작했습니다. 먹고살 궁리를 위해 도시로 이주한 이들은 지방 소도시에 살던 사람들이거나 가축을 데리고 다니던 유목민들입니다. 기후변화로 가축이 떼죽음을 당하기도 하고, 지방 도시에 일자리 부족 현상이 나타나면서 수도인 울란바토르로 모이고 있습니다. 비싼 임대료와 집값은 이들에게 주거 선택권을 주지 않습니다. 도시 외곽의 산등성이에 텐트를 칠 수밖에 없는 이유죠.

한 해가 지나면 산 하나가 게르로 가득 찹니다. 아이들의 교육도, 위생과 보건도, 치안도 모두 준비되지 않은 채 도시가 확장되고 있습니다. 이렇게 늘어난 도시민들은 게르 촌에 마련된 물 자판기에서 물을 구하고, 추운 겨울을 나기 위해 생석탄과 타이어를 태웁니다. '오타'라고 하는 겨울철 울란바토르의 공기오염은 상상을 초월합니다.

이렇게 모여든 사람들의 소비 여력은 크지 않지만, 급증한 인구의 최소한의 소비 뒤에 버려진 쓰레기들을 처리할 수단도 준비되지 않았습니다. 도심의 끝에서 산 다섯 개를 넘은 이곳에 쓰레기 수거차량으로 버려지는 막대한 도시의 쓰레기들. 먹을 것을 구하기 위해 쓰레기더미를 헤매는 아이들은 속에 탈이 나 병원으로 실려 가기도 합니다. 일자리를 구할 수 없는 이들은 이곳에서 쓸모 있는 재활용 쓰레기를 골라내며 살아갑니다.

하루 소득은 고작 천 원 정도.

아름다운 풍경을
지킬 수 있을까

베트남 남부에 매우 아름다운 섬으로 꼽히는 꼰다오섬이 있습니다. 2019년 3월 초, 꼰다오섬은 본토의 바리어붕따우성에 쓰레기 이송과 처리를 요청하여 승인을 받았습니다. 왜일까요? 꼰다오섬이 보유한 바이냣 매립장이 한계를 드러냈기 때문입니다. 하루 최대 5톤의 쓰레기를 소각할 수 있는 시설도 하나 있지만, 하루 평균 15톤의 쓰레기가 발생하기 때문에 소각이 불가능한 10톤의 쓰레기가 매일 그대로 쌓이고 있는 것입니다. 누적되는 쓰레기에 속수무책이 된 꼰다오섬은 2018년까지 쓰레기 7만 톤이 쌓였습니다.

아름다운 섬과 해변을 파괴하는 것은 관광객인데, 그 피해
는 거주민들에게 돌아가고 있습니다.

호찌민으로 가볼까요. 하루 평균 8,900톤의 엄청난 폐기
물이 배출되는 도시입니다. 이 중 땅속에 매립하는 비율
이 76%로 압도적입니다. 전기 생산을 위해 소각하는 양은
9.3%에 그치며, 재활용 비율도 14.7%로 매우 낮은 수준
입니다. 호찌민은 이 수치를 바꾸기 위해 2018년 11월, 모
든 가정과 상업시설들의 쓰레기 분리수거를 의무화했습
니다. 문제는 이런 규정이 현실에서 얼마나 지켜지느냐입

—— 쓰레기 수거 현장, 호찌민

니다. 수많은 벌금 규정이 단속 공무원들의 뒷주머니를 채우는 수단으로 변질되어 있기 때문이죠.

베트남 정부는 매립률을 2020년까지 50%, 2050년까지 20%로 낮추는 것이 목표입니다. 매립률을 낮추려면 소각장의 용량을 늘려야 하고 재활용 비율을 끌어올려야 합니다. 그러나 베트남은 소각장이 매우 부족한 실정이며, 전력 생산이 가능한 베트남 최초의 폐기물 소각 발전소가 2017년 10월 일본의 무상원조 지원금이 투여되어 겨우 가동을 시작했습니다. 하루 75톤을 처리할 수 있지만, 소각장 건립에 들어가는 예산이 330억 원에 달하기 때문에 베트남 정부 여건상 대대적으로 늘리는 데 한계가 있습니다.

꼰다오섬의 상황을 보며 소위 개발도상국의 당연한 모습이라고 생각하셨나요?

저는 한국의 아름다운 섬 제주가 생각났습니다. 제주는 스스로 품을 수 있는 적정 관광객 수를 넘겨 끊임없이 도시를 확장시키려 하고 있습니다. 거기서 발생하는 쓰레기를 처리하지 못해 거대 쓰레기 뭉치를 포장하여 땅 위에 쌓아두고 있습니다.

제주도의 아름다움은 지켜질 수 있을까요. 성장의 욕망 속
에 어디까지 목표를 설정하고 있는 걸까요. 그 목표까지
성장하면 제주도는 어떻게 될까요. 그 끝에 행복은 존재하
는 것일까요.

—— **제주의 풍경** ⓒ Dina Park

쓰레기를 팔아
먹고사는 사람들

인류문명이 시작된 곳, 찬란한 역사와 문화유산을 가진 이집트 카이로. 6,000km에 달하는 나일강이 여전히 도도히 흐르는 곳.

모카탐.
이곳 사람들의 생계는 쓰레기에서 나옵니다. 모인 쓰레기들을 자원으로 만들어 파는 것이 소득의 근원이죠. 충분하지 않은 일자리, 충분하지 않은 교육. 세상에 완벽한 도시는 존재하기 힘듭니다. 늘 부족함과 괴로움이 존재하는 도시의 사각지대. 카이로 외곽의 모카탐은 그중 한 곳입니

다. 빈민들이 이곳에 모여 가축을 키우며 정착하기 시작한
때는 1910년대로 알려져 있습니다.

아랍어로 '잘려 나갔다'라는 뜻의 모카탐은 산이 잘려 나
간 듯한 지형 때문에 지어진 이름이죠. 사람들이 본격적으
로 몰려들기 시작한 것은 1940년대 남부의 빈민들이 이
주하면서입니다. 이후 1970년대에는 거대한 피라미드가
있는 기자 지역의 재개발이 추진되면서 밀려난 이들이 모
카탐으로 옮겨왔고요. 현재는 약 5만 명 이상이 거주하는
도시가 되었습니다.

'자발린'은 우리말로 쓰레기를 줍는 사람들입니다. 우
리나라에서도 과거에 흔히 넝마주이로 불리기도 했죠. 현
재 카이로 전역에 약 10만 명이 있는데, 이 중 모카탐 지
역에 거주하는 자발린은 약 2~3만 명이라고 합니다. 추
정치여서 이보다 더 많은 수라고 예측하는 게 합리적이라
고 현지에서 말합니다. '까리야 자발린'은 우리말로 쓰레
기 마을을 지칭합니다. 이곳에 카이로 시내 전역에서 걷
은 쓰레기가 하루 평균 4,000~5,000톤이 유입되는 것으
로 추산됩니다. 물론 더 될 수도 있습니다.

ⓒ 김병준

1940년대부터 수십 년간 남녀의 분업으로 이루어진 체계에서 여성들은 주로 플라스틱, 옷가지, 비닐 등을 분리하는 역할을, 남성들은 분리해 묶은 쓰레기더미를 옮기는 역할을 맡았습니다. 이들의 월소득은 5만 원에서 7만 원 사이 어딘가에서 멈춥니다. 이집트 국민들의 평균소득이 20여만 원이라는 점을 고려하면 어마어마한 소득 격차지요. 이들에게 인권이 존재하기는 할까요?

어쨌거나 이렇게 모은 쓰레기들은 카이로 외곽에 위치한 재활용업체로 다시 이동하게 됩니다. 운송 수단(트럭)을 가진 사람, 재활용업체, 재활용의 중간 상인들이 분리수거된 재활용 쓰레기들을 이용하여 상대적으로 더 높은 소득을 올리고 있습니다.

반면, 기반시설이 깔려 있지 않는 등 열악한 주거환경에서 살아가는 이들은 하루살이로 삶을 살아냅니다. 이집트 아이들은 학교에 가지 않고 노동현장에 나가는 경우가 다반사인데, 이 마을의 아이들 역시 다르지 않습니다. 10살, 13살, 17살 아이들은 학교가 아니라 쓰레기더미에서 쓰레기를 분류하며 하루를 보내는 것이 일상입니다. 삶의 환경이 이렇다 보니 감염이나 각종 질병을 앓고도 제대로 치료받지 못하는 경우도 많습니다.

도시 과밀화는 더욱 심해지고 있고, 쓰레기의 발생도 더욱 늘어나고 있는 것이 현실입니다. 1930년대 100만 명이었던 카이로 인구는 1970년에 500만을 넘었으며, 현재는 거의 1,000만 명에 육박하는 도시로 성장했습니다. 광역권의 인구를 합치면 추산 2,300만 명이 넘는 세계 최대의 메가시티입니다. 이집트엔 매년 총 8,000만 톤의 쓰레기가 배출되고 있습니다.

발생한 쓰레기를 처리하지 못하는 당국은 최근 매립지 26군데를 없애고 폐기물 처리와 재활용라인 63개를 구축하며 처리에 고심 중입니다. 여기에 더해 이집트의 젊은이들이 해안정화 작업을 펼치는 등 플라스틱과 일회용 사용의 유해성에 대한 인식도 확산되고 있습니다. 그럼에도 주거, 교육, 식량과 식수, 일자리 등은 이집트의 인구증가와 도시화의 속도를 따라가지 못하고 있고, 불안한 사회정세는 시민들의 삶을 더욱 옥죄고 있습니다.

앞으로 쓰레기 마을의 쓰레기는 더욱 늘어갈까요, 줄어갈까요.

쓰레기는 어디로 가는가

쓰레기의
주인이십니까?

케냐, 탄자니아 등 항구가 있는 아프리카국가의 항만으로
는 선진국에서 개발도상국 사람들을 돕겠다는 명목으로
각종 물건을 담은 컨테이너가 들어옵니다. 옷가지와 신발
류, 각종 생필품 등이 들어 있죠. 대부분 중고품이거나 떨
이로도 팔리지 않은 물건들입니다.

과잉생산으로 주인을 찾지 못해 철을 넘겨버린, 가치를
잃어버린 물건은 쓰레기가 되는 것이 자본주의의 현실입
니다.

선진국에서 제로 가치가 된 물건들이 이곳에 오면 생기가
돕니다. 유통 상인들에게 뿌려지기도 하고 기부되기도 하
죠. 그리고 곧 여기서도 생명을 마감하게 됩니다. 언젠가
쓰레기가 될 물건들이 개발도상국으로 몰리게 되는 구조
랄까요.

—— **예쁘게 진열된 신발들의 출처는 선진국이다, 케냐 나이로비**

세계의
휴지통이었던 나라

2018년 이전까지 중국은 전 세계로부터 무려 56% 이상의 쓰레기를 수입해왔습니다. 사람들이 쓰레기통에 버린 쓰레기는 컨테이너에 실려 대개 중국으로 향했습니다. 중국은 이것들을 모아 자국의 산업을 돌리기 위한 재료로 썼습니다. 전기나 열에너지를 만드는 연료로 쓰기도 했고, 재활용 재료로 재탄생시켜 되팔기도 했죠. 그러나 2018년 1월, 더는 수입을 금지하면서 쓰레기의 대이동시대는 표면적으로 막을 내렸습니다.

미국과 유럽 등 선진국은 중국의 이러한 조치로 혼란을

겪고 있습니다. 이제 방법은 매립과 소각, 재활용밖에 없
기 때문이죠. 대표적으로 미국은 2016년 기준으로 약
78% 이상의 엄청난 양의 재활용 쓰레기를 중국으로 수출

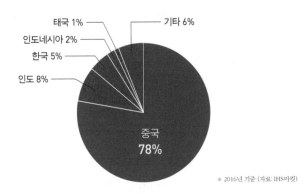

미국 쓰레기는 어느 국가로 가나

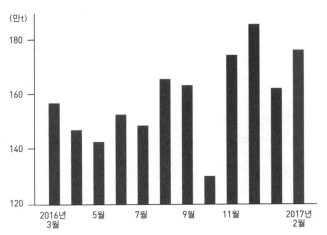

중국의 폐기물 수입

해왔습니다. 재활용 쓰레기의 수거비용이 치솟으면서 분리수거를 해도 처리할 곳이 마땅치 않아진 미국은 대체로 매립으로 선회하고 있습니다. 의외로 소각장이 많지 않은 미국의 현실을 반영하는 것이죠. 재활용을 포기하는 도시들도 생겨나고 있습니다.

반면 재활용이 아니라 **재사용하자**는 움직임도 포착되고 있습니다. 캘리포니아 마린카운티에 사는 한 여성은 아마존에서 배달되는 종이박스를 재사용하자며 '아마존 창고로 반납하기'를 이슈화하기 시작했습니다. 시의회 역시 폐기물 감소 목표와 기후변화에 대응하고자 하는 도시의 노력과 일치하는 행동이라고 말을 보탰습니다. 이 여성은 아마존뿐 아니라 홀푸드 등 거대 유통망을 가진 기업들의 동참을 이끌려 노력하고 있습니다.

문제가 된 건 유럽이나 미국만이 아닙니다. 거대한 영토에 2,500만 명이 살고 있는 호주도 누적되어가는 재활용 폐기물 처리를 두고 고심하고 있습니다. 특히 2018년 중국으로 쓰레기 수출이 중단되자, 각 도시들이 가진 쓰레기 처리량을 훨씬 넘어선 플라스틱, 폐지, 유리병 등의 폐기물이 쓰레기산을 이루기 시작했죠. 호주 시민들은 왜 애초부터 재활용 쓰레기를 우리 스스로가 재활용 산업에 이용하지 않고 중국에 처리했는지 의문을 품기도 했습니다.

사실 많은 나라의 사람들이 이 부분에 의문을 품고 있습니다. 이유는 간단합니다. 오늘날 지구촌의 많은 공장이 중국에 있는 것과 같은 이유입니다. 더 저렴한 가격으로 아웃소싱을 주는 것이 원가절감에 유리하기 때문이죠. 또 '완벽한 분리수거'가 시민문화에서 이루어지지 않고 있기 때문에 재활용 쓰레기로 모였다 하더라도 결국 공장에서 사람의 손으로 다시 분리하는 과정이 필요합니다.

저렴한 인건비와 환경규제에 구멍을 가진 나라가 쓰레기 산업에서도 매력적이었던 겁니다.

호주 멜버른 교외 데리무트에 위치한 공장에는 엄청난 쓰레기가 쌓여 있습니다. SKM이라는 회사가 재활용품을 선별하여 중국으로 보내기 위해 임대한 공간이지만, 임대기간이 끝났음에도 쓰레기만 공장에 가득 메워져 있는 상황이죠. 수천 톤의 플라스틱 쓰레기와 폐지는 언제든 화재의 가능성을 내포하고 있기 때문에 매우 위험하지만, 누구도 손댈 수 없을 정도로 방대합니다.

© Benjamin Thomson

쓰레기는 어디로 가는가

호주의 상황은 멜버른뿐 아니라 모든 도시에서 같은 양상을 띠고 있습니다. 호주는 경제성장을 이유로 끊임없이 이민자를 받아들이고 있습니다. 인구의 4분의 1이 해외에서 태어난 셈이죠. 그러나 GDP 중심의 성장을 외치고 있는 이면에 주택 부족과 임대료 폭등, 시민 소외현상, 교통 혼잡, 사회통합 과제 등과 함께 쓰레기 처리 문제가 늘 따라다니고 있습니다.

중국이 세계의 쓰레기통 역할을 중단하자 쓰레기를 실은 컨테이너선들은 동남아시아의 개발도상국으로 몰려갔습니다. 소홀한 관리와 부정부패한 현실로 인해 이들 나라의 항만엔 쓰레기 컨테이너가 쌓이기 시작했죠.

무차별적인 쓰레기 러시가 포착되자 조사에 나선 당국은 수입된 컨테이너 안에 채워진 쓰레기가 재활용 가능한 수준이 아니라 아예 활용이 불가능하고 처치마저 곤란한, 그야말로 생쓰레기들인 것을 발견했습니다. 각국의 환경장관, 항만 관리자들은 외신에 현실을 고발하며 쓰레기를 되가져가라고 공개적으로 목소리를 높이고 있습니다.

충격적인
태평양 쓰레기섬

GPGP(Great Pacific Garbage Patch).

태평양 거대 쓰레기 지대.

바닷물은 순환기류를 형성하며 오대양을 채웁니다. 파도
가 치면서도 일정한 방향으로 바닷물의 흐름이 나타납니
다. 해류의 끝이 존재하는 셈이지요. 해류의 끝에는 바다
를 표류하고 있는 온갖 것들이 떠내려오고 결국 그곳에
모이게 합니다. 오대양이라 불리는 남태평양, 북태평양,
인도양, 북대서양, 남대서양엔 거대한 해류가 존재하고,
그 주변부에도 작은 해류들이 존재합니다. 크건 작건 해류

—— 바닷물 흐름도

의 끝에는 무언가가 누적되어 쌓이는 것이고요.

그렇게 태평양 한가운데에 쌓인 플라스틱 쓰레기의 면적
이 프랑스 국토의 세 배에 달한다는 연구결과가 발표
되었습니다. 세계는 충격에 빠졌습니다. 그리고 그보다 작
지만 다른 바다들에도 유사한 플라스틱 지대가 광범위하
게 존재한다는 것이 발견되고 있습니다.

오늘날의 도시 청결은 그 도시를 책임지는 행정부에서 담
당합니다. 청소인력과 청소장비, 쓰레기 처리시설 등에 예
산을 투입합니다. 그러나 바다는 인류가 사용만 할 뿐 뒤

처리 즉, 청소에 대한 책임은 누구도 지지 않습니다. 각 국가 또는 지방정부 단위도 바다를 접하고 있는 해안가까지만 책임지고 해안가를 벗어난 곳은 손대지 않습니다.

선박 사고로 인해 컨테이너가 물에 빠져 물건들이 바다로 쏟아져 나왔다면. 태풍이나 홍수로 육지의 쓰레기더미가 바다로 휩쓸려 나왔다면. 그래서 해류를 따라 오대양으로 퍼진다면.

책임을 지울 범위와 규모가 바다 위에서는 모두 흩어져 버립니다. 바다를 책임지고 있는 권한이 국제사회에서도 모호합니다. 옆 나라의 쓰레기더미가 해류를 타고 우리 앞바다로 온다면 그것은 누구 책임일까요? 중국 대련 앞바다의 스티로폼 부표는 한국의 전남 해안가로 떠내려오고, 한국의 스티로폼 부표는 일본 해안가로 떠내려갑니다. 한·중·일을 포함한 동남아시아의 해양쓰레기들은 해류를 따라 하와이로 향합니다.

누가 치워야 할까요?
누구의 책임일까요?

해양쓰레기는 적게는 연간 800만 톤, 많게는 1,300만 톤으로 추정되고 있습니다. 미래의 위협이 아니라, 오늘 지금 당장의 위협인 것이죠.

—— **해변을 뒤덮은 해양쓰레기, 가나 아크라** © Muntaka Chasant

CHAPTER 3

묻거나
태우거나
다시 쓰거나

만드는 데 1초,

사용하는 데 10분으로 그 생을 마감하는,

아니 그보다 더 짧은 시간에 사용이 끝나는

플라스틱 쓰레기는 어떻게 처리되고 있을까요?

각 도시들은 어떤 해결책을 내놓고 있을까요?

다시 바닷속으로

플라스틱은 편의성이 너무도 뛰어나 인류 최고의 발명품이라고까지 불려왔습니다. 그러나 지구는 무한하지 않고, 우리가 발 딛고 있는 대자연은 인위적인 플라스틱 쓰레기를 품는 데 한계가 있습니다. 다시 바다로 돌아가 보죠.

잔잔하고도 푸르른 바다를 상상해보세요. 그리고 물안경을 끼고 모래사장을 통해 물속으로 들어가 보세요. 형형색색의 물고기와 아름다운 산호초와 기괴한 암석이 보입니다. 난생처음 만나는 장면입니다. 그런데 자세히 보니 물고기와 바위 사이로 떠다니는 것이 있습니다. 아니, 다시

— 깨끗한 물에서 수영할 수 있는 날이
언제까지 계속될 수 있을까

살펴보니 물고기보다 더 많습니다.

바로 플라스틱 쓰레기입니다.

이 장면은 네덜란드의 고등학생 보얀 슬랫이 그리스의 한 바닷가로 피서를 갔다가 체험한 이야기입니다. 기대를 품고 들어간 바닷속은 쓰레기 천지였고, 이 쓰레기를 아무도 치우지 않고 있는 현실에 의문이 들었다고 합니다. 피서지에서 아름다운 바다를 느끼고 싶었지만 그럴 수 없음에 실망했고요. 이 실망의 요인이 무엇일까 고민하다가 마침내 자신이 해양쓰레기를 없애는 일에 나서야겠다고 결심합니다.

그래서 비영리단체인 '오션클린업'이 탄생하게 됩니다. 2020년 현재 만 25세인 보얀 슬랫은 지난 몇 년간 해양쓰레기를 없앨 아이디어를 온라인에 소개하고 동참을 호소했습니다. 그 결과 400억이 넘는 금액이 펀딩되었고, 함께 모여든 80여 명 이상의 직원들이 바다 정화 프로젝트를 실행에 옮기고 있습니다.

이 프로젝트는 크게 두 개로 나뉩니다. 하나는 동남아시아, 중남미의 나라들에서 바다로 나가는 강줄기로부터 쓰레기를 가로채는 프로젝트이고, 다른 하나는 태평양, 일명 GPGP에서 쓰레기를 치우는 프로젝트입니다. 대개 해양 쓰레기는 개발도상국의 강줄기를 통해 유입되기 때문에 그 원인 지역을 사수하는 한편, 광범위하게 형성되어 있는 태평양의 쓰레기를 제거하기 위한 것입니다.

이들은 지난 3년 동안 태평양에 있는 쓰레기섬을 정밀히 조사했으며, 총 5년이라는 시간을 목표로 쓰레기 제거에 나섰습니다. 시스템 001은 이 프로젝트를 위해 개발한 해양청소기이고요. 600m의 기다란 원통 튜브를 띄우고 그 아래에 그물을 달아 배가 끌고 나가면 낙하산 모양이 되어 해수면에 떠 있는 플라스틱 쓰레기를 쓸어 담는 원리입니다.

바다는 그 누구도 주인이 될 수 없지만, 반대로 우리 모두가 향유할 권리가 있는 자연이기도 합니다. 해양쓰레기가 네덜란드의 책임은 아니지만 네덜란드 청년이 나서자 세

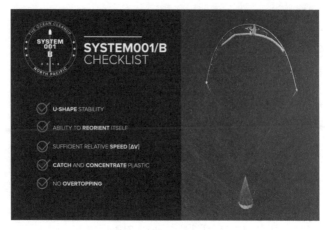

—— **낙하산 모양으로 해양쓰레기를 모으는 시스템 001** ©The Ocean Cleanup

계의 각 기업과 개인들이 후원금을 보냈습니다. 그리고 2019년 12월, 시스템 001은 1차 활동을 마치고 육지로 돌아왔습니다.

우리는 열심히
플라스틱 먹방 중

플라스틱은 한번 만들어지면 사라지지 않습니다. 분해되
는 물질이 아니기 때문이죠.

최근, 500년 뒤에는 분해된다는 연구결과가 나왔지만, 그
누구도 500년을 살면서 이를 확인할 수 없으니 그러리라
는 추정만 할 뿐입니다. 반대로, 단 며칠 만에 플라스틱을
분해하는 효소를 개발했다는 연구결과도 있지만 하나의
실험이 성공한 데 불과합니다. 플라스틱 분해를 위한 과학
자들의 도전에는 계속 지원해야겠죠. 하지만 플라스틱을
분해하는 속도가 인류가 쓰레기를 배출하는 속도를 따라

—— 유령 그물에 걸린 바다거북

잡을 수 있을지 의문입니다.

플라스틱은 사라지지 않지만 햇볕과 바람, 부딪힘 등의 과정을 통해 부서지고 쪼개집니다. 문제는 크기가 클 때는 눈에도 잘 띄고 치울 기회라도 얻을 수 있지만, 잘게 부서지면 수거하기가 어렵습니다. 특히 최근에 큰 문제로 떠오르는 것은 **미세플라스틱**입니다.

0.5mm 이하의 크기는 곧바로 눈에 띄지 않습니다. 무엇보다 먹이로 오인한 물고기들의 배 속으로 들어갑니다. 물론 고래, 바다거북, 바다코끼리, 상어 등 각종 어류들의 배 속에서 발견되는 플라스틱의 크기와 양은 크고 작음을 따지는 것이 무의미할 정도로 심각한 상황입니다.

플라스틱이 없었다면 죽지 않았을 해양생물들이 죽어가고 있습니다. 플라스틱은 **바다의 지뢰**입니다. 해양생태계가 깨진 세상은 어떤 모습일까요?

미세플라스틱은 사람의 눈으로 확인할 수 없기에 결국 플라스틱의 마지막 종착지는 **사람의 몸속**이 됩니다. 이미 체내에 축적되는 플라스틱으로 인해 여성의 경우 난임과

불임 등의 증상이 보고되고 있고, 두통과 각종 고통을 동
반하는 현실이 벌어지고 있습니다.

인간의 편리를 위해 만들어진 물건이 세상을 돌고 돌아
결국 우리 몸속으로 들어오고 있습니다. 이것은 문제의 심
각성을 느끼는 데서 끝날 것이 아니라, 정면으로 대처하지
않으면 안 된다는 것을 일깨워주는 사실입니다.

강이
인류를 공격할 때

앞에서 살펴봤듯이, 매년 바다로 유입되는 쓰레기는 800만 톤 이상으로 추정됩니다. 미국의 허리케인이나 일본의 지진해일, 아이티의 사례 등 해안가에 재난이 닥쳐 유입되는 쓰레기도 있지만 실상 90% 이상은 지구촌 곳곳에 위치한 10여 개의 거대한 강에서 비롯됩니다. 이 중 8개는 아시아에 있고, 그중에서도 6개는 중국에 있습니다. 나머지 2개는 아프리카에 있고요. 인류문명의 탄생지인 거대한 강이 거꾸로 인류문명을 공격하는 기막힌 상황이 참 아이러니합니다. 우리가 한 번쯤 들어봤을 법한 강들이죠.

양쯔강, 황허, 주장강, 하이허, 메콩강, 아무르강, 인더스강, 갠지스강, 나일강, 나이저강.

세계에서 가장 긴 브라질의 아마존강이나 미국의 미시시피강, 아프리카의 콩고강, 러시아의 예니세이강은 전 세계에서 10번째 안에 드는 긴 강들이지만 의외로 쓰레기를 배출하는 10대 강 순위에서는 빠져 있네요.

가장 큰 차이점은 강이 흐르는 물줄기를 따라 얼마나 많은 도시가 있느냐, 얼마나 많은 사람이 사느냐일 것입니다. 도시와 사람이 많을수록, 폐기물이 관리되지 못하는

—— 오염원을 배출하는 10대 강

도시일수록 강으로 유입되는 쓰레기가 많겠지요. 심지어
는 관리가 소홀한 틈을 타 의도적으로 강에 트럭째 쓰레
기를 버리는 것도 현실입니다. 도시화와 산업화, 인구증가
에 보조를 맞추지 못한 개발도상국이 지니는 근본적인 문
제이기도 합니다.

아울러 강 중심이 아니라 국가 중심으로 봐도 중국이 압
도적이며 인도네시아, 필리핀, 베트남, 스리랑카, 태국, 말
레이시아, 방글라데시 등 아시아 국가들이 10대 쓰레기
배출국에 이름을 오르내립니다.

GPGP를 청소하겠다며 창립한 오션클린업은 2019년 10
월 26일, 강 청소기인 '인터셉터'라는 배를 선보였습니다.
바다로 유입된 쓰레기를 치우는 것도 필요하지만 유입되
는 원인을 차단하지 않으면 큰 효용이 없을 거라는 비판
에 따라 바다로 유입되기 전, 강의 하류에서 폐기물을 가
로채는 배를 개발한 것입니다.

이들에 따르면 전 세계 해양쓰레기의 80%가 지구촌
1,000여 개의 강으로부터 비롯됩니다. 그래서 가능한 한
모든 강의 하구에 인터셉터를 배치하여 2025년까지 바다

로 유입되는 쓰레기를 건져내는 것이 목표입니다. 2019년 말에 인도네시아 자카르타와 말레이시아 쿠알라룸푸르에 각각 배치되어 업무를 시작했습니다.

특이한 것은 인터셉터의 동력원이 100% 태양광으로 가동된다는 점입니다. 폐기물이 컨베이어벨트를 따라 배의 내부로 옮겨지는 과정에서 조명, 센서, 데이터 축적과 전송 등 모든 전자장치가 친환경 동력원으로부터 가동되는 것입니다. 소음이나 배기가스의 배출도 없이 하루에 50톤가량을 꾸준히 수거할 수 있고, 충분히 확보한 태양광에 기계의 고장만 아니라면 쉼 없이 작동합니다. 배 내부에는 거대한 쓰레기 수거통 4개가 배치되어 총 $50m^3$의 쓰레기를 담을 수 있습니다.

하지만 이것도 완벽한 것은 아닙니다. 해양쓰레기는 크게 해수면, 해안가, 해저 세 군데에 존재하는데, 강물 역시 모든 플라스틱 쓰레기가 해수면으로만 이동하는 것은 아니죠. 물보다 가벼운 플라스틱은 물 위에 뜨지만, 물보다 무거운 플라스틱은 가라앉거나 그 상태로 물살에 휘말려 떠내려가기 때문입니다.

결국 우리는 쓰레기가 배출되는 원인의 사슬을 끊어내며 한 계단씩 거슬러 올라가야 합니다. 바다로 떠내려온 쓰레기를 처리하는 것, 바다로 유입되는 강의 하구에서 쓰레기를 건져내는 것, 애초에 강에 버려지거나 유입되는 원인을

—— **오션클린업이 개발한 인터셉터** ⓒ The Ocean Cleanup

제거하는 것 등은 이미 발생한 쓰레기를 처리하는 후속적 인 해결책입니다. 이와 동시에 도시에서 쓰레기 발생이 근 본적으로 일어나지 않도록 체계를 바꾸는 노력이 필요합 니다.

우리가 편리함을 뒤로하고 불편을 감수할 수 있을까요?

비닐봉지는
출입금지

플라스틱은 낮은 곳으로 흐르는 물의 이동 경로를 그대로 따라가기도 하지만 일부는 땅에 남기도 합니다. 엄청난 양의 비닐류와 플라스틱이 어류에서도 발견되지만 육지에 사는 동물의 체내에서도 발견되는 것을 심심치 않게 볼 수 있습니다.

2014년 케냐, 어느 날 죽은 소의 배 속에서 발견된 비닐과 플라스틱의 양은 모두를 놀라게 할 정도였습니다. 어떻게 그럴 수가 있었을까요? 배 속으로 삼킨 플라스틱은 위액, 위산으로는 결코 분해될 수 없는 물질이기 때문에 소화불

—— 부직포 가방이 걸려 있는 대형마트, 케냐

—— 케냐 나이로비의 외곽 빈민가인 키베라의 길거리

량과 함께 의학적인 문제를 일으켰을 겁니다. 결국 사인이 플라스틱이 될 수밖에 없죠.

케냐는 2017년 10월부터 비닐봉지 사용을 금지했습니다. 법 위반에 따른 처벌도 상당히 셉니다. 4,000만 원에 달하는 벌금 또는 4년 이하의 징역에 처하도록 했습니다. 제가 들렀던 대형마트의 입구에도 비닐봉지를 사용하지 않는다는 알림이 큼지막하게 붙어 있었습니다. 계산대에는 비닐봉지 대신 여러 색상의 부직포 가방이 놓여 있었습니다. 더러는 장바구니를 직접 가지고 와서 장을 보는 경우도 볼 수 있었죠. 아프리카에 비닐봉지를 금지하는 나라가 있다니 신기할 따름입니다.

그럼에도 불구하고 문제는 있습니다. 비닐을 사용하지 못하게 함으로써 비닐 쓰레기의 발생은 막을 수 있을지 몰라도, 그것은 품목의 문제일 뿐 쓰레기 수거 체계가 잘 갖춰져 있지 않은 문제는 여전히 남아 있습니다.

비닐이 아닌 다른 쓰레기들은 길거리를 지나다 자연스럽게 볼 수 있는 풍경으로 자리 잡았고, 쓰레기더미에서 먹이를 찾는 들개나 새, 소들도 어렵지 않게 목격할 수 있습니다. 케냐 같은 상황에 놓인 나라들은 비닐봉지만 문제가 아닌 것이지요. 또 법으로 금지하여 국내 생산은 되지 않지만, 주변국으로부터 비닐봉지 밀수가 횡행하고 있는 현실도 있습니다.

한편 케냐에서 우간다를 지나 르완다에선 또 다른 풍경을 마주했습니다. 거리에 쓰레기가 크기를 불문하고 하나도 버려져 있지 않은 겁니다. 일정한 거리마다 서 있는 쓰레기통의 존재도 색다르게 느껴졌고, 노점상도 보이지 않았습니다. 수도 키갈리를 중심으로 아프리카의 성장을 견인하고 있는 르완다는 천 개의 언덕을 가진 나라로도 유명합니다. 도시가 산 중턱에 있어 여행 시에 색다름을 더해줍니다.

카가메 대통령은 2002년 임시로 정부 운영을 맡았다가 이듬해 선거에서 대통령으로 공식 당선됐고, 이후 지금까지 대통령직을 수행하고 있습니다. 헌법을 바꿨기 때문에 종신대통령의 지위도 그대로 유지하게 될 것입니다. 한마디로 독재체제를 굳힌 나라입니다. 1994년 종족 간의 유혈투쟁으로 100만 명이 학살당한 비정한 역사를 가진 나라이기도 합니다.

아무것도 모르고 우간다에서 버스를 탔는데, 르완다 국경에서 제가 가진 가방을 모두 뒤져 비닐봉지를 빼앗아 가는 세관원들의 모습에 강한 인상을 받았습니다. 그 어떤 나라도 마약이나 총기류가 있는지를 검사했지, 비닐봉지를 찾기 위해 짐을 검사하는 나라는 없었기 때문입니다. 뒤늦게 들은 말이지만 공항 역시 다르지 않다고 합니다.

그렇습니다. 르완다엔 비닐봉지 출입금지입니다.

마트에서 장을 봐도 종이백에 담아주는 것이 일상화된 나라입니다. 과거 비닐봉지가 남발되어 하수구를 막고, 또 이것을 태우는 과정에서 환경오염 문제가 일어남에 따라 비닐봉지를 아예 금지해버린 것입니다. 케냐보다도 약 10년이 앞선 2008년의 일입니다. 기존의 비닐봉지 생산업체들에 보조금을 주어 종이봉투 회사로 바꾸었고, 독재국가답게 매우 강력한 비닐봉지 억제정책을 밀고 나갔습니다. 르완다의 수도 키갈리는 지구촌장 이동학이 선정한 전 세계에서 가장 깨끗한 도시에 이름을 올리고 있습니다.

—— 지구촌장이 선정한 가장 깨끗한 도시, 키갈리

캐나다는 왜 필리핀에 쓰레기를 버렸을까

플라스틱이 자연과 동물을 넘어 인간에게까지 악영향을 미치는 것은 이제 현실이 되어버렸습니다. 상당히 앞서 비닐봉지 금지정책을 시행한 나라가 아프리카에 있다는 것이 놀랍지만, 선진국이라는 국가들에서 이제야 플라스틱 금지정책을 내놓는다는 것도 놀라운 일입니다. 선진국에서 이런 늦장을 부릴 수 있었던 것은 그간 쓰레기를 개발도상국과 중국에 버려왔기 때문입니다. 하지만 이제 더는 그럴 수 없게 된 것이죠.

캐나다는 2021년부터 일회용 플라스틱을 전면 금지했습니다. 2019년 5월, 필리핀의 두테르테 대통령은 마닐라항에 선적되어 있는 컨테이너를 가리키며 캐나다가 하루빨리 저 쓰레기 컨테이너를 가져가지 않으면 캐나다 앞바다에 부어버리겠다고 엄포를 놓았습니다. 캐나다는 국제사회에서 망신을 당하는 한편 하나의 의문을 남겼습니다. 아니 인구도 적고 땅덩어리도 큰 저렇게 잘사는 나라가 왜 필리핀에 쓰레기를 버렸을까?

바로 이 문제가 지구촌의 아이러니입니다.

1400년대 포르투갈의 바스쿠 다가마가 신대륙을 찾기 위해 먼 여정을 떠난 이래 수많은 탐험가가 아메리카대륙, 아프리카의 희망봉, 인도 등을 발견하면서 지구는 둥글고 모두 연결되어 있다는 사실을 알게 되었습니다. 인도의 향신료와 중국의 차가 지구촌 곳곳으로 퍼졌습니다. 아프리카는 식민지가 되어 자원을 약탈당했고, 흑인들은 아메리카대륙과 유럽대륙으로 팔려 다녔습니다.

세계는 하나로 연결됐고, 모든 것이 섞이게 되었습니다. 인간과 인간이 섞이고, 자본주의가 본격적으로 시작되고, 산업화된 경제가 세계시장으로 규모를 이루자 오늘날 이

야기하는 세계화, 산업의 분업체계인 글로벌 밸류체인에
까지 이르게 되었습니다.

자국 상품을 타국에 팔아 경제적 이득을 보려는 시도와
타국의 자원을 싸게 들여와 이득을 보려는 시도로 시작된
국가 간의 경제체계는, 글로벌 기업의 탄생으로 국경선을
보다 희미하게 만들고 있습니다. 상품과 서비스는 이제 자
유롭게 세계를 무대로 돌아다니게 되었습니다. 그런데 쓰

비닐봉지 법률 지도
- 금지
- 청구
- 자발적 청구 계약
- 부분 청구 또는 금지(시/도 수준)
- 법적 제한 없음

ⓒ Elekhh

레기마저 이런 흐름의 한 축을 이루고 있었던 것입니다.
이해하기 어렵지만 말입니다.

이것은 선진국의 비양심 문제로 봐야 할까요?
도덕적 해이로 받아들여야 할까요?

어찌 됐건 자국에서 쓰레기 처리 비용을 비싸게 주느니,
개발도상국의 업자를 구슬려 쓰레기 컨테이너를 넘기는
편이 훨씬 저렴합니다. 컨테이너 안에 든 물건은 다른 것
이라고 속이면 그만입니다. 그렇게 항만을 통해 육지로 들
어간 컨테이너는 쓰레기장으로 이동하고, 하루 소득을 쓰
레기로 벌어들이는 사람들의 입장에선 참 감사한 일로 여
겨집니다.

발등에 불 떨어진
유럽

2018년 전 세계에서 생산된 플라스틱의 양은 총 3억 5,900만 톤에 달합니다. 이 수치는 2017년 3억 4,800만 톤에서 1,100만 톤 늘어난 것입니다. 반면 유럽은 6,440만 톤을 생산했던 2017년에 비해 2018년엔 6,180만 톤을 생산하며 양을 줄여가고 있습니다. 그럼에도 이 수치는 전 세계 생산량의 17%를 차지합니다.

2018년 가장 많이 플라스틱을 생산한 지역은 아시아입니다. 전체에서 51%를 차지하는 압도적인 양입니다. 단일 국가로 가장 많은 플라스틱을 생산한 나라는 전체의 약

30%를 차지하는 중국입니다. 아마도 중국과 인도, 일본, 한국, 최근에 급성장하고 있는 베트남 등 동남아시아 국가들의 도시화나 경제성장과 큰 관계가 있을 테지요.

플라스틱을 재료로 만드는 상품의 구체적인 모습은 역시나 우리 실생활에서 널리 쓰이고 있는 상품포장재로 39.9%를 차지합니다. 두 번째가 건축자재로 19.8%, 세 번째가 9.9%로 자동차 산업입니다.

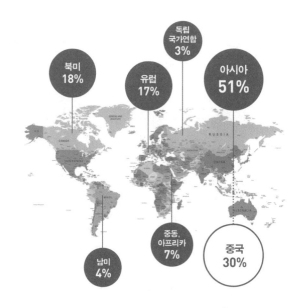

—— 전 세계 플라스틱 생산량, 2018년

사실 이런 면을 보면 산업 분야에서 플라스틱은 상당히 요긴하게 쓰이는 것이 사실입니다. 그러나 우리는 사용 후를 준비하지 못한 상황이므로, 많은 수요를 충족시키기 위해 탄생한 플라스틱은 그만큼의 문제를 낳는 구조로 되어 있습니다. 유럽 역시 이러한 문제점을 인식하고 있고, 유럽 내 최대 생산국인 독일을 중심으로 재활용 비율을 높이기 위해 나서고 있습니다.

사실 독일의 쓰레기 배출량은 유럽 평균보다 많아 폐기물 분리수거 선도국이라는 말이 무색할 정도입니다. 유럽의 플라스틱 생산도 독일이 선도하지만 플라스틱 쓰레기 배출도 선도하는 격이며, 유럽의 전체 평균을 상승시키는 역할을 하고 있죠. 이러한 상황에서 독일을 비롯한 유럽의 나라들은 중국의 플라스틱 폐기물 수입금지 조치로 인해 쓰레기 처리를 두고 발등에 불이 떨어졌습니다.

먼저 대응을 시작한 것은 유럽 전역에 체인을 운영하는 독일의 리들 마트입니다. 리들은 플라스틱 쓰레기를 2025년까지 20% 감소시키겠다는 목표를 세웠습니다. 리들은 이미 유통제품에서 70%나 차지하는 자사 브랜드 상품에서 비닐포장의 두께를 25% 얇게 하거나 견과류 등 비닐

—— 리들 마트, 독일

봉지의 크기를 20% 작게 제작하는 방식으로 플라스틱 사용 총량을 줄이기 위해 노력해왔습니다.

정치권에서는 녹색당의 로베르트 하벡 대표가 유럽연합 차원의 플라스틱 세금을 도입해야 한다는 제안을 내놓았습니다. 재활용과 수거 환불이 불가능한 플라스틱 용기를 생산하는 기업에 세금을 높이거나, 차량용 정유보다 플라스틱 생산용 정유에 더 낮은 세율을 적용하는 데 문제가 있다며, 이는 역으로 플라스틱 생산으로 쓰레기가 발생하는 구조에 연간 7억 800만 유로 상당을 지원하는 것이라고 비판한 것입니다.

플라스틱 쓰레기 발생과 처리능력 미비는 유럽연합에서
도 큰 도전에 직면한 것으로 인식하고 있습니다. 그래서
2018년 1월 '순환경제를 위한 유럽의 플라스틱 배출 전
략'을 발표하여 플라스틱 포장지를 재사용하고 일회용컵
사용을 단계적으로 금지하는 조치를 마련했습니다. 이에
부응하는 차원에서 독일 환경부도 2018년 11월, 슐체 장
관이 플라스틱 쓰레기 감축 5대 계획을 발표했습니다.

① 필요 이상의 플라스틱 제품 생산금지
② 플라스틱 포장지를 친환경 포장지로 대체
③ 재활용 강화
④ 플라스틱 음식물 쓰레기 봉지 기피
⑤ 플라스틱 제품으로 인한 바다 오염 방지

친환경 포장지를 사용하는 생산자에게는 인센티브를 부
여하고, 플라스틱 물병 사용을 줄이기 위해 공공장소에 수
돗물 음수대를 늘린다는 계획입니다. 아울러 플라스틱 제
품의 재사용률을 높이기 위해 제품디자인을 개선한다는
것입니다.

특히 2019년 1월부터 시행된 신포장재법은 제품 포장재

를 취급하는 모든 기업에 책임을 지게 하는 법안으로, 반
드시 듀얼시스템에 등록해야 합니다. 등록 대상이 되는 기
업은 플라스틱 포장재를 제조하는 제조사와 유통사를 비
롯하여 온라인 유통기업과 온라인숍, 수입업체 등이며 이
를 위반하면 최대 2억 6,000만 원까지 벌금을 부과할 수
있습니다. 생산·유통의 입구와 출구를 샐 틈 없이 점검하
기 위한 강력한 조치이지요. 이는 포장재가 제대로 회수되
고 재활용될 수 있도록 유도하기 위한 것이며, 기업이 부
담해야 할 비용의 산정을 돕는 포털 시스템이 정부로부터
지원되고 있습니다.

태워 없애다가 생긴 일

유럽연합은 쓰레기 재활용 비율을 늘리고 매립 비율을 줄이기 위해 계속 노력해왔습니다. 2018년 1,780만 톤에 달한 플라스틱 포장 쓰레기는 42%의 재활용률을 기록했고, 39.5%는 에너지를 회수하는 소각시설로 향했습니다. 매립은 18.5%로 꾸준히 줄여온 것이죠. 특히 체코는 쓰레기 재활용률이 50%가 넘는 유럽연합 내 최고의 재활용 국가입니다.

앞에서 설명한 정책들이 적용되고 환경친화적인 유럽 시민들의 실행이 뒤따른다면 재활용 비중은 더 높아지겠죠.

—— 체코 프라하 도심에 설치된 재활용 쓰레기통

그런데 이런 통계에서도 우리가 감출 수 없는 것들이 있습니다.

쓰레기의 절대량은 늘어난다는 것.
그래서 아직 우리의 대처가 충분하지 않다는 것.

그리고 그 이면에는 또 숨은 이야기들이 있습니다. 하나의
사례만 살펴볼까요. 2018년 5월, 폴란드 중부지방의 도시
즈기에시의 쓰레기 처리장에서 큰불이 났습니다. 쓰레기
5만 톤이 타오르며 주변까지 연기와 유독가스가 퍼져나

갔습니다. 그런데 이 쓰레기 중 4분의 1이 독일에서 온 것이었죠.

폴란드는 쓰레기 처리장에서 화재가 자주 발생합니다. 강력한 원인으로 지목되는 것은 '방화'입니다. 쓰레기 처리 비용을 줄이기 위해 재활용 처리해야 할 폐기물을 태워 없앤다는 의혹이 있거든요.

독일에서는 쓰레기 1톤을 소각하는 데 200유로가 드는 반면 폴란드에서는 80유로면 됩니다. 때문에 독일 업체들은 쓰레기를 독일의 재활용장이나 소각장으로 보내지 않고 폴란드의 쓰레기 처리장으로 보냅니다. 이렇게 보낸 쓰레기의 양은 2015년 5만 4,000톤에서 2018년 25만 톤으로 5배 증가했습니다. 게다가 폴란드 국경의 세관에서 독일발 불법 운송 트럭들이 적발되는 수도 수십 건에 이르기 시작했고요.

이러한 상황을 반영하듯 폴란드는 2년에 걸쳐 폐기물 저장과 처리율이 매우 높아져 쓰레기 수거 가격이 상승했습니다. 도시마다 수수료가 다르기도 하지만, 가정용 쓰레기가 증가하고 폐기물 수집과 재활용 비용 또한 증가한 현실이 재정적 어려움을 겪고 있는 지방정부의 현실과 맞물리면서, 전체적인 폐기물 처리·관리비 등을 인상하기 시작한 것입니다.

그리고 여기에는 폐기물 처리에 대한 시각차가 존재합니다. 폴란드를 비롯한 동유럽 국가는 아직도 매립과 소각 비율이 매우 높습니다. 특히 유럽 전체에서 매립 비율이 높은 곳은 주로 동유럽에 분포되어 있습니다. 톤당 매립 비용이 비교적 저렴한 것도 그 이유 중 하나일 것입니다.

바젤협약의 탄생

바젤협약.

1989년 3월, 스위스 바젤에서 열린 이 협약은 병원성 폐기물을 포함하여 유해 폐기물이 국가에서 국가로 이동할 때 사전 통보하도록 하는 것이 주요 내용입니다. 유해 폐기물의 불법 이동을 줄이는 효과를 기대하는 것이죠.

보통 환경 관련 국제협약은 선진국들의 발제와 호응으로 이뤄지는데, 바젤협약은 개발도상국들이 주로 가입한 G77이 주도했습니다. 유해 폐기물이 주로 선진국에서 개발도상국으로 이동하는 현실이 반영된 거죠. 바젤협약은 논의된 지 3년 만인 1992년에 발효됐지만, 어찌 된 일인지 지금까지 이 협약이 표면적으로만 지켜져 온 것이 아닌가 하는 의심을 떨칠 수 없습니다.

2019년 4월 29일, 바젤협약이 다시 열렸습니다. 유해 폐기물의 종류에 플라스틱을 추가하기 위해서였죠. 이 안건은 180여 개국의 동의를 얻어 압도적인 의지로 통과되었습니다. 지구촌에서 플라스틱 폐기물이 가장 뜨거운 사안이라는 것을 상징적으로 보여준 것입니다.

중국이 플라스틱 폐기물 수입을 중단하게 된 계기는 30% 이상에 달하는 유해 폐기물이 재활용 플라스틱과 섞여 컨테이너에 담겨 들어왔기 때문입니다. 이는 고스란히 중국의 환경문제 심화와 플라스틱 선별장에서 일하는 사람들의 피해로 이어졌습니다. 선별장에서 일하는 사람들은 모두 저소득층이고 심지어 아이들도 있습니다.

2017년에 개봉한 다큐멘터리 영화 〈플라스틱 차이나〉는 이런 장면을 생생하게 담고 있습니다. 플라스틱 폐기물 더미를 놀이터 삼아 노는 아이들, 그 주변의 침출수로 세수를 하는 아이들, 그런데도 매우 낮은 소득을 겨우 올리며

—— 〈플라스틱 차이나〉의 한 장면

생계를 유지하는 가족의 이야기가 담겼습니다.

바젤협약은 온전히 지켜질 수 있을까요?

사실 2019년 5월에 약속한 바젤협약 이후에도 유럽과 북미지역 등지에서 발생한 플라스틱 폐기물은 각종 유해 폐기물과 함께 컨테이너에 실려 중국으로 몰려들었고, 중국에서 거부하는 사태가 일어났습니다. 이후 바다를 떠돌다가 개발도상국인 동남아 국가들로 향했습니다. 말레이시아, 베트남, 태국, 필리핀, 인도네시아 등으로요. 이 중 한 국가의 환경장관은 이례적으로 항구에서 기자회견을 열고 재활용이 가능한 플라스틱 폐기물과 그렇지 않은 유해 폐기물이 섞여 있는 컨테이너를 보여주며 선진국들의 밀수출을 고발하고 나섰습니다.

당시에 밀수된 컨테이너는 프랑스발이었습니다. 환경장관이 고발한 컨테이너는 프랑스뿐 아니라 미국과 호주, 독일, 홍콩도 포함되었습니다. 그 분량이 450톤 규모의 10개 컨테이너였고 당국은 추가로 50개 컨테이너를 전수 조사하겠다고 밝혔는데, 쓰레기의 양만 3,000톤으로 추산됐습니다.

선진국 대열에 합류했다는 한국도 여기서 자유로울 수 없습니다. 필리핀 환경단체는 지난 2019년 4월 기자회견을 통해 한국발 컨테이너에 대량의 유해 폐기물이 있다는 것을 고발했고, 국제 외교 문제로까지 비화되었습니다. 한국은 쓰레기 국가라는 오명을 쓰고 이를 평택항으로 되가져와야 했습니다.

—— 해안가 쓰레기, 필리핀 바세코 마을

2019년 7월에도 필리핀 민다나오섬엔 한국이 불법 수출한 플라스틱 쓰레기 5,100톤이 쌓였습니다. 1년이 넘는 시간이 지나자 쓰레기가 부패하면서 악취와 침출수 등 환경오염원을 배출하기 시작했습니다. 11시간 동안 불이 나 엄청난 유해가스를 배출했고, 소방당국이 출동하여 화재를 진압했지만 피해는 고스란히 민다나오섬 주민들이 보고 있습니다.

한국 환경부는 책임을 지기로 하고 한국으로 쓰레기를 보내라고 했지만, 현지에서의 고충이 존재합니다. 쓰레기를 항구까지 옮겨야 하는데, 막대한 양의 쓰레기를 다시 담아 포장할 여력이 없고 포장한다 해도 쓰레기를 담을 100여 개가 넘는 컨테이너를 준비하기가 쉽지 않습니다.

쓰레기는 우리가 만들었는데, 피해는 필리핀 사람들이 보고 있는 현실입니다.

스마트 쓰레기 국가가 된
중국

세계의 쓰레기 문제가 수면 위로 올라오게 된 것은, 세계의 쓰레기통을 자임하던 중국이 폐기물 수입을 금지한 것이 결정적입니다. 대외적으로 중국이 취한 조치가 전 세계여러 나라에 충격을 가했음을 부정할 수 없습니다. 하지만 수입되는 폐기물만 막으면 되는 일이 아니었기에 중국의 각 도시는 쓰레기 처리에 팔을 걷어붙이고 나섰습니다. 세계 일부 국가에서 시행하던 분리수거 정책이 2016년부터 중국 각 도시에 등장하기 시작했습니다.

2017년 12월엔 베이징, 상하이, 톈진 등 1선급 도시를 포함하여 46개 주요 도시에서 생활쓰레기 분리수거를 시행하기로 합니다. 재활용품, 유해 쓰레기, 젖은 쓰레기, 마른 쓰레기 등 4종으로 분류해 버리도록 하고, 분리수거를 이행하지 않고 적발될 경우 벌금도 물게 했습니다.

길거리 쓰레기통 4만여 개를 분리수거통으로 만들어 설치했고, 분리수거 구역만 2만 1,000여 곳을 지정했습니다. 재활용 쓰레기 회수센터도 1만 2,000여 곳에 설치했습니다. 그 결과 쓰레기 분리수거 달성률이 15% 수준에서 시행 100여 일 만인 2019년 10월에 80%에 달하는 등 높은

—— 분리수거 쓰레기통

성과가 나타났습니다. 또 온라인쇼핑과 일상화된 배달로 늘어난 일회용 빨대, 일회용 식기류의 사용을 2020년부터 금지하기 시작했고, 이는 오는 2025년 전면화됩니다.

또 재미난 일도 벌어졌죠. 쓰레기 분리수거가 익숙하지 않은 시민들을 대신해 집으로 찾아와 쓰레기를 분리해주는 직업이 새로 생긴 겁니다. 관련 업체가 우후죽순 생겨나더니 그 숫자가 상하이에만 무려 수백 개에 이르게 됐습니다.

다른 한편에선 IT기술과 접목한 쓰레기 수거 움직임도 활발해지고 있습니다. 쓰레기봉투에 있는 코드를 스캔하여 수거함을 열고 쓰레기를 버리면 포인트를 적립해주어 올바른 쓰레기 분리수거를 유도하는 것입니다. 포인트는 상품구매에 사용할 수 있고요. 쓰레기를 버릴 시간조차 없다면 모바일 앱에서 방문 수거를 요청할 수도 있습니다. 2017년 8월에 설립된 스마트 쓰레기 회수 회사 '샤오황고우(小黄狗)'는 앱 사용자만 370만 명 이상입니다. 이와 유사한 회사들이 쓰레기 수거 시장에 뛰어드는 만큼 관련 산업도 성장할 것으로 예측됩니다.

중국은 도시 인구가 급증하면서 G2 대열에 올랐지만, 그

이면엔 바로 이 **쓰레기** 문제가 도사리고 있습니다.

중국의 생활쓰레기는 2007년 1억 5,500만 톤에서 2017 년 2억 1,500만 톤으로 늘었습니다. 생활폐기물에 도시폐 기물까지 더하면 이미 3억 톤을 넘었죠. 매립지 부족과 소 비의 폭등이 심각한 쓰레기 누적 문제를 낳았습니다. 그래 서 앞선 2016년 중국 정부는 2020년 말까지 발생하는 폐 기물 총 용량의 50%를 소각으로 해결한다는 목표를 세웠 습니다. 이미 2012년 7건의 신규 소각장 건설을 포함해 2018년까지 총 225개의 소각장이 폭발적으로 건설되었 습니다.

아울러 중국 내에서 미세먼지와 환경오염 등 시민들의 부 정 여론이 주요하게 부상하자 2018년 3월, 소각시설의 설 비 및 배출 표준화 기준을 수립하였고, 정기적으로 모니터 링하면서 처벌 및 보조금을 줄이는 방식으로 환경 개선에 나서고 있습니다.

제가 찾았던 산둥성의 한 소각장은 한 번에 쓰레기 2만 톤 을 저장할 수 있고, 매일 1,000톤의 쓰레기를 처리할 수 있는 중형급 소각장이었습니다. 소각시설은 열병합으로

—— 쓰레기 소각장, 중국 산둥성

전기를 생산해 에너지원으로도 쓸 수 있어서, 원칙을 잘 지키며 운영한다면 쓰레기의 부피를 획기적으로 줄일 수 있는 좋은 수단이기도 합니다.

이곳에서 쓰레기는 소각 후에 부피가 25%까지 줄어드는데, 5%까지 줄이는 일본 등에 비해서는 다소 부피가 큰 편입니다. 이유는 분리수거가 아직까지 확실하게 이뤄지지 않고 있기 때문으로 보입니다. 특히 중국 내 쓰레기의 절반 이상을 차지하는 음식물 쓰레기가 따로 분류되어 처리되어야 하는데, 일부가 소각로에 함께 들어가면서 부피가 줄지 않고 오히려 소각로의 적정온도를 지키지 못하게하는 위험이 있습니다. 적정온도보다 낮아지거나 높아지면 다이옥신 등 유해물질이 배출되기 때문이죠.

이제야 시작된 중국의 분리수거 정책이 향후 몇 년 안에 정착되느냐에 따라 지구 전체의 쓰레기 판도에 큰 영향을 미치게 될 것입니다. 쓰레기 문제를 해결하려면 올바른 분리배출로 재활용 및 재사용 비율을 높이거나 쓰레기가 배출되는 원인을 완전히 줄이는 방법, 즉 플라스틱 생산을 지양하는 단 두 가지 방법밖에 없으니까요.

CHAPTER 4

누구나 알지만
누구도 모르는
쓰레기의 비밀

도시의 효율성으로 설명되는

24시간 배달체계는

다른 말로 '24시간 쓰레기 생산체계'라고 할 수 있습니다.

사람들이 몰려 산다는 것은

다양한 상품을 만들어내지만

그만큼 쓰레기도 만들어진다는 것이죠.

플라스틱이
점령한 세계

전 지구적으로 봉착한 쓰레기 문제에는 우리가 생각해볼
주제가 몇 가지 있습니다. 단순히 소비하고, 버리고, 처리
되지 않는 플라스틱이 문제라면 처리할 방법만 잘 찾으면
되겠지요. 하지만 그렇지 않습니다.

먼저, 플라스틱이 넘쳐나게 탄생되는 구조가 어떻게 만들
어졌는지 보아야 합니다.

이것은 인류가 좌충우돌 흘러오는 역사에서 선택된 것이
므로 누군가를 탓할 수 없는 성질의 것입니다. 하지만 이

요소들이 현실과 미래에 미치게 될 여파가 인류 스스로를 파괴하는 결과로 나타나기 때문에 우리는 반드시 원인을 분석하고 성찰해야 합니다. 그럴 의도가 없었지만 그런 결과로 나타나고 있는 현실. 미필적 고의입니다.

이제 세계의 거대한 흐름인 **도시화, 세계화, 자본주의**의 문제를 생각해보면 좋겠습니다. 쓰레기 문제, 환경파괴, 기후 위기는 바로 이 지점에서 시작되기 때문입니다.

달콤한
나의 도시

오늘날 도시경쟁력은 소득, 행복도, 교육수준, 기업, 금융, 문화유산, 제도, 역사, 젊은 인구, 출산율, 문화콘텐츠, 교통, 안전 등 매우 광범위한 분야들이 종합적으로 교차하며 뿜어내는 에너지로부터 만들어집니다. 살기 좋은 도시, 행복한 도시는 더욱 안전하고, 행복하고, 쾌적하고, 풍족하다고 느끼는 상대적 평가로 정해집니다. 순위권에 들어오는 도시들은 상대적 평가뿐 아니라 절대적 기준인 인권, 민주주의, 자유 등 기본적인 부분을 충족해야 하고요.

사람이 도시를 만들고 도시가 사람을 모으는 것은, 그 순

—— 높은 효율을 만들어내는 도시라는 장소

서를 따지기 무색할 정도로 거의 동시에 일어나는 일입니다. 무수히 많은 우연과 욕구들이 더해져 도시가 만들어지고, 그 도시는 결국 고유의 형태를 띠면서 발전하게 됩니다. 도시는 정치와 행정체계를 통해 효율적으로 운영되도록 움직입니다. 인간 개개인의 더 나은 삶을 위한 플랫폼 기능을 하는 것이 오늘날 도시의 목적입니다.

도시는 많은 면에서 '집중'의 효과를 특징으로 가지고 있고, 이로 인해 무수히 많은 '효율'을 만들어냅니다.

도시를 떠올리면 각종 빌딩과 아스팔트 도로와 그 위의 자동차들, 주택단지와 병원, 유유히 흐르는 강물과 그 옆에 잘 조성된 숲과 공원이 머릿속을 채웁니다. 푸르른 자연과 시멘트가 적당히 섞여 있는 모습이고, 그사이에 바삐 움직이는 도시의 시민들이 보입니다. 도시는 시민 전체가 향유하고 있지만, 정치와 행정의 영역에서 일하는 사람들은 이를 유지하기 위해 시민들이 불편한 점이 없는지를 늘 둘러보고 문제를 개선하려 노력합니다.

도시가 사람을 끄는 강력한 힘은 **일자리**와 **교육**에서 나옵니다. 오늘날 사람들이 도시로 이동하는 가장 큰 이유가

일자리를 찾기 위해, 또는 더 좋은 교육환경을 위해서라는
말입니다.

도시에 기업이 있고 기업이 도시에 존재하는 이유는, 사람

—— 오늘날 도시의 화려한 야경, 싱가포르

이 모이는 곳이기 때문입니다. 기업이 많은 도시는 소득을 많이 올릴 수 있고, 이는 그 도시의 세금수입도 풍부하다는 것을 의미합니다. 넉넉한 세금은 교육환경과 사회 인프라 등에 재투자할 수 있으므로 더 나은 전망을 지속적으로 만드는 고리가 형성되는 것이죠. 이런 고리들로 인해 결국 도시로 모여든 사람들은 전통문화를 계승하기도 하고, 새롭게 만난 이들이 새로운 문화를 창조하기도 합니다. 경쟁과 협력의 관계 속에 놓인 시민들이 저마다의 도전을 통해 도시를 풍부하게 하는 재료가 되는 셈입니다.

새로운 사람들이 끊임없이 유입되는 도시에서 새로운 기업이 탄생할 가능성도 높습니다. 이는 부를 창조하고 일자리를 만드는 것으로 연결되죠. 그리고 사람들의 주거를 집적시킴으로써 상하수도 시설의 운영과 관리, 폐기물 수거 등 일정 부분에서 효율성을 기할 수 있게 됩니다. 도시의 동력원이 되는 에너지, 즉 전기시설 설치나 에너지 공급과 통제를 효율적으로 할 수 있다는 것도 도시의 장점입니다.

생각하면 할수록 우리가 살고 있는 도시는 장점이 많군요. 다양한 사람들이 모인 공간, 다양한 욕구가 충돌하는 장소이기에 더욱 그럴 테지요.

도시의 또 하나의 장점은 필요한 것들을 접하기가 수월하다는 것입니다. 생활에 필요한 물건은 도시의 거점마다 만들어진 대형마트나 재래시장, 더 가까이는 24시간 불을 켜둔 편의점에서 얻을 수 있습니다. 생필품은 늘 곁에 있고 우리는 아무 때나 구매할 수 있죠.

더구나 이제는 몸소 가지 않아도 모바일에서 몇 번의 터치로 문 앞까지 배달해주는 시대가 열렸습니다. 몸 하나까딱하지 않고 필요한 것을 내 집에서 모두 해결할 수 있다는 것이죠. 물론 이게 좋은 것만을 의미하는지는 모르겠지만요.

어쨌거나 도시는 효율성, 편리성, 다양성, 개방성 등을 주요 키워드로 하면서 성장에 성장을 거듭합니다. 주요 키워드 중 어느 하나가 빠지면 흥망성쇠에서 망과 쇠로 향하게 됩니다. 오늘날 세계 주요 도시들은 역사 속에서의 흥과 성을 축적하며 그 위상을 지키고 있는 곳도 있고, 현대에 새롭게 위상이 만들어진 곳도 있습니다.

현대 도시들의 지상과제를 꼽으라면 주저하지 않고 지속가능성이라고 답하겠습니다. 망과 쇠를 피하고 성과 흥으로 가는 열쇠가 바로 지속가능성이기 때문이죠. 그러나 역설적이게도 도시는 늘 **명암**이 존재합니다. 앞서 말한 수많은 장점이 존재하지만, 그 장점들을 곱씹어보면 어두운 면이 함께하고 있음을 알 수 있습니다.

도시로 기업이 몰려드는 이유가 사람들이 있기 때문이라고 했는데, 반대로 도시는 기업을 유치하기 위해 각종 대책을 내놓습니다. 세금을 감면하기도 하고, 토지를 무상으로 제공하기도 합니다. 인건비를 대신 내주기도 하며, 물건을 파는 영업과 홍보를 위해 대신 나서주기도 합니다. 기업의 목표는 이윤창출이기 때문에 기업을 배려하거나 지원하는 도시정책 수단이 결코 나쁠 리 없지요. 그럼에도

—— **도시의 편의점, 멕시코** ⓒ sebaso

기업은 늘 원가절감과 이윤 극대화를 위해 노력합니다.

여기까지만 보면 인간의 본성, 기업의 본성, 도시의 본성
이 잘 혼합된 것으로 보이지만 어쩐지 그렇게만 돌아가지
는 않습니다. 세금을 덜 내기 위해 불법·탈법을 저지르거
나 공직자에게 뇌물을 주는 기업, 원가절감을 위해 정당한
사유 없이 노동자를 해고하는 기업, 도덕과 윤리를 저버리
고 이윤만을 추구하는 기업이 끊임없이 뉴스에 오르내립
니다. 도시 효율을 증명하는 교통체계 역시 말썽이 잦습니
다. 교통사고로 사망하는 이들도 많고, 교통체증과 접촉사
고가 끊이지 않습니다.

교육 분야는 어떨까요? 오늘날 교육도시로 불리는 곳들은
대개 아이들을 좋은 대학에 보낸 것을 평가하지만, 그 과
정은 수많은 학원가에서 아이들이 파김치가 되어 집과 학
교, 학원을 오가는 쳇바퀴일 뿐입니다. 아이들을 혹사하는
도시가 교육도시라는 이름으로 덧씌워져 있고 부모들은
자신이 노력해서 번 소득의 상당 부분을 자녀의 사교육비
에 지출합니다. 도시 안에서 경쟁력과 우위를 점하기 위해
나타나는 현상이죠.

나는 매일 24시간
쓰레기를 만들고 있다

도대체 쓰레기 문제와 도시화는 어떤 연결고리가 있는 걸까요? 눈치챈 분도 있겠지만, 쓰레기 문제 역시 명암이 동시에 존재합니다.

도시이기 때문에 효율적으로 쓰레기 수거와 처리가 가능해졌지만, 한 번 더 생각해보면 도시는 애초에 매우 많은 쓰레기가 만들어질 수밖에 없는 환경입니다. 북미지역의 통계에서도 도시거주자 한 사람이 배출하는 쓰레기의 양은 농촌거주자의 두 배 이상입니다.

마트 상품 대부분은 플라스틱으로 만들어진 제품이거나 제품을 감싸는 포장이 플라스틱으로 되어 있습니다. 제품이 플라스틱이 아니어도 소비하는 순간 플라스틱 쓰레기가 탄생하고, 제품이 플라스틱이라면 그 쓰임을 다하고 버려지는 순간 플라스틱 쓰레기가 될 운명에 처하게 되는 것이죠.

도시의 효율성으로 설명되는 24시간 배달체계는 다른 말로 24시간 쓰레기 생산체계라고도 할 수 있습니다.

배달경제의 확대는 기존상품을 포장한 상태에서 택배 포장을 겹으로 해야만 하니 스티로폼, 또는 플라스틱, 비닐류, 박스 등 막대한 쓰레기를 추가로 만들어냅니다. 도시가 효율적으로 쓰레기를 처리할 수 있다는 것도 현재 각 도시에서 배출하는 쓰레기의 양에 비하면 결코 효율적이라고 하기 어렵습니다.

사람들이 몰려 산다는 것은, 다양한 상품을 만들어내지만 그만큼 쓰레기도 만들어진다는 것입니다.

—— 도심 속에 쏟아진 쓰레기들. 매일매일 이렇게 발생한다, 대한민국 서울

자본주의,
무한소비의 굴레

도시화와 마찬가지로 자본주의는 누군가의 지시로 이루어진 것이 아닙니다. 인류가 살다 보니 자연스럽게 형성된 질서라고 보는 것이 타당합니다. 돈만 있다면 무엇이든 살 수 있고 어디든 갈 수 있는 세상이, 바로 현재 우리가 살고 있는 지구 속 인류의 모습입니다.

일반적인 환경에서 태어난 인간은 자연스럽게 교육을 받습니다. 처음엔 가정, 그리고 학교, 이후엔 사회로 장소를 옮겨가죠. 교육은 좋은 가치와 철학적인 목적과 목표들이 설정되어 있지만, 궁극적으로는 돈을 벌고 스스로 세상을 살아가기 위한 것입니다. 세상의 질서는 돈이라는 것으로 정해져 있고, 이 돈을 벌지 못하는 사람은 질서 밖으로 내팽개쳐지니까요. 지구촌의 일부 지역이지만 상당수 아이들은 어른들과 사회제도의 보호 없이 바로 돈을 벌어야 하는, 자립과 독립의 길에 서야 하는 비정한 곳에서 살아갑니다. 착취와 인간 노예화의 현장이기도 하죠.

자본주의가 먹고사는 것을 가능하게 하고, 과거와 비할 수 없는 풍요를 만든 것은 사실입니다. 인간은 욕구를 가진 동물이며 그 욕구를 채우기 위해 끊임없이 노력하고 도전합니다. 돈을 많이 벌고, 큰 집에 살며, 큰 차를 타고, 단란한 가정을 꾸리려는 것도 비난받아야 할 일은 아닙니다. 자본주의 속에 살고 있는 인간의 솔직한 속내이고, 인간은 대부분 그렇게 세상을 살아가고 있습니다. 그런데 문제는 이 다음부터입니다.

인간이 욕망을 가진 동물이란 것은 알겠는데, 그 욕망이 제어되지 않고 무한히 허용되어야 할까요?

오늘날 기업들은 무수히 많은 물건을 생산해냅니다. 사람들에게 물건을 팔아야 이윤이 남게 되고, 이윤이 많이 남을수록 욕망을 채워갈 수 있으니까요. 물건을 많이 팔아 기업은 점차로 커지고 더 많은 물건을 만들면서 영역을 넓혀갑니다. 기업의 생산과 사람들의 소비가 만날 때 자본주의가 가진 최고의 가치가 확인됩니다. 인간에게 필요한 무언가를 전달하고 인간은 행복을 느낍니다. 무언가를 나의 소유로 만들었음에 욕망은 하나 더 채워지게 되는 것이죠.

사실 소비되지 않는 곳에서 자본주의는 힘을 쓰기 어렵습니다. 당장 마트에서 소비가 일어나지 않는다면 어떤 일이 벌어질까요? 마트 경영이 어려워지겠죠. 물건이 팔리지 않고 쌓여간다면 재고가 되고, 운영비를 줄이기 위해 고용된 직원을 해고해야 합니다. 재고가 쌓이면 그 물건을 만들어 납품했던 회사들 역시 생산을 줄일 수밖에 없고, 노동자를 해고하게 됩니다. 해고된 노동자는 어느 가정의 엄마와 아빠일 수도 있고 세상에 갓 나온 청년일 수도 있습니다. 더는 노동을 통해 소득을 올리고 필요한 물건을 사기 어려운 환경에 놓이게 되겠죠. 사회 전체는 활력이 떨어지게 될 것입니다.

그렇습니다. 자본주의는 **끊임없는** 소비를 바탕으로 지

—— 자본주의는 끝없는 소비로 유지된다, 뉴욕 타임스퀘어

속가능성이 유지되는 구조에 놓여 있습니다. 그리고 소비
는 끝이 없을 것 같지만, 한 번 더 생각해보면 분명히 끝이
존재합니다.

예를 들어, 세탁기를 만드는 회사가 100명이 사는 마을에서 5명을 고용해 생산, 홍보, 설치, AS, 총괄을 담당하는 역할을 주었다고 해보죠. 최대치로 계산했을 때 100개의 세탁기를 팔 기회가 있기 때문에 희망을 품고 열심히 자신에게 주어진 임무를 할 겁니다. 그래서 세탁기는 20대까지 불티나게 팔려나가게 되고, 앞으로 80대를 더 팔 수도 있다는 생각에 노동자를 한두 명 더 늘릴 수 있게 됩니다. 그러나 다른 세탁기 업체가 색다른 기능이 추가됐다며 등장해 경쟁을 시작합니다.

물건을 더 좋게, 더 싸게 만드는 것은 '혁신'이란 이름으로 모든 기업이 강조하고 있는 것이죠. 세탁기를 살 여력이 있는 이들 60명이 추가로 세탁기를 구매했습니다. 나머지 20명은 소득이 적어서 세탁기를 살 수 없는 형편에 놓였는데, 기업이 기존 제품보다 작고 단순한 기능의 세탁기를 저렴하게 내놓으니 나머지 10명이 세탁기를 구입했습니다. 이미 90명이나 세탁기를 구매해버린 마을은 더는 시장으로서의 가치를 갖기 어렵게 됐습니다.

그러나 기업이 문을 닫을 순 없으니 지속가능하게 운영할 방법을 찾아야만 합니다. 기업은 연구를 더해서 기존에 내놓았던 세탁기보다 더 편리한 기능을 장착하여 소비자들에게 홍보하기 시작합니다. 새로운 세탁기가 나왔다는 소식을 들은, 특히 여력이 되는 소비층은 최신 유행을 따라 기존 제품의 불편함을 개선한 새로운 제품을 사게 되죠. 20명이 다시 기존의 세탁기를 버리고 새로운 세탁기를 구매합니다.

애초에 세탁기를 구매하지 못했던 10명은 중고세탁기가 나오자 중고가격에 들여놓았고, 이제 그 마을엔 세탁기가 없는 사람이 없게 되었죠. A기업과 B기업은 마케팅 경쟁과 1+1 이벤트로 고객의 충성도를 높이기 위해 노력한 끝에 세탁기 20대를 더 파는 데 성공했지만, 이미 가지고 있는 세탁기를 더 소유하려는 사람의 숫자는 처음보다 현저하게 줄어든 것이 사실입니다. 기업은 살아야 하는데, 이럴 때는 어떤 길이 있을까요? '혁신'하면 더 팔 수 있는 걸까요?

사실 단순히 세탁기 회사의 예를 들었지만 우리는 그 기업이 망하지 않도록 해야 한다고 생각하게 됩니다. 그곳에 고용된 노동자가 해고되면 소비 여력은 지금보다 더 줄어들게 될 테니까요. 지금까지 자본주의는 이런 시각에서 우리의 삶 속에 숨 쉬어 왔습니다.

그런데 혹시 눈치채셨나요? 100명이 사는 마을에 세탁기는 130대가 생산되었다는 사실을요. 30대는 재고품 또는 중고품이 되었고, 제품이 사용되지 못하면 그대로 쓰레기가 되어버린다는 것을요.

자본주의는 앞으로 질주할 곳만 바라봤습니다. 이후에 남을 문제에는 크게 신경 쓰지 않았지요.

—— 자동차 행렬, 몽골

자본주의는 결국 소비를 촉진하고 과잉생산을 하게 되는 체제입니다. 그 안에서 고용도 되고, 월급도 받고, 소득도 생기고, 다시 소비하게 되는 구조입니다. 우리가 살고 있는 지구는 무한하지 않고, 한계가 명확한 땅과 바다로 이루어져 있습니다. 인간이 만들어낸 물체들은 완전히 사라지지 않고 어딘가에 쌓일 수밖에 없습니다.

세계 각국은 자국 시민들의 풍요로움과 행복을 위해 더 많은 경제영토를 원하고, 더 많은 소비를 통해 더 많은 소득을 올리려는 정책을 과감히 펼치고 있습니다. 오늘날의 풍요는 **대량생산과 대량소비** 체계에서 왔습니다. 그 결과로 지구에 어마어마한 쓰레기가 만들어지고 있죠.

이쯤에서 반드시 한번 돌아봐야 할 문제가 있습니다. 지속 가능하며 오염물질을 만들지 않는 순환사회는 가능할까요?

거대한 변화 속에서

도시화, 인류의 이동, 세계화는 개개인의 욕망 속에 오늘을 살아가는 인류의 총 결과물입니다. 세계의 질서는 이미 관성이 생겨 누구 하나가 나서서 쉽사리 바꿀 수 있는 문제도 아닙니다. 그럼에도 불구하고 현재 인류가 가고 있는 방향이 올바르지 않음을 자각한 국가, 기업, 지방정부, 시민단체, 개인들이 싸움을 시작했습니다.

구글, 페이스북, 애플, BMW, 이케아 등 글로벌 기업들은 'RE100'이라는 프로젝트를 통해 재생에너지를 사용하지 않는 기업과는 거래하지 않는다는 원칙을 세웠습니다. 석탄발전소 등 화석연료를 통해 발전하는 에너지는 탄소 배출이 막대하기 때문에, 지구의 온도가 급격히 올라가는 것을 늦추려는 노력입니다. 이러한 조치로 이들 기업과 거래하려는 기업은 재생에너지원으로 공장을 돌리거나 탄소 배출을 자체적으로 줄이려 시도하고 있죠.

2015년 파리에서 열린 세계 정상회담의 의제는 기후변화였고, 산업혁명 이후 세계 평균기온의 상승을 2℃ 이하로 유지하되 1.5℃ 이하로 제한하는 노력을 병행하자는 정상

—— 에너지 제로 주택. 자연에서 모든 에너지를 얻는다, 일본 구즈마키

들의 서명이 있었습니다. 소규모의 지방정부들은 화석연료로 만들어진 전기를 거부하고 마을에 태양광을, 마을 뒷산에 풍력발전기를 설치해 자체적으로 에너지를 만들어 쓰기 시작했습니다. 시민단체와 개인들은 지역에서 난 농산물을 소비하고, 쓰던 물건을 버리지 않고 이웃과 나누고 바꿔 쓰기 시작했습니다. "지역으로 돌아가자!"는 구호도 등장했고요.

이 같은 시도들이 이미 늦어버린 건 아닐까 하는 걱정도 있습니다만, 기후변화에 따른 인류의 위기를 믿지 않으려는 사람들도 많습니다. 트럼프 미국 대통령은 미국 중심의 세계경제 질서를 깨뜨리려는 누군가의 의도라고 폄훼했고, 기후 위기에 맞서 행동하자는 스웨덴의 운동가 툰베리를 철없는 아이로 묘사하며 조롱하기도 했죠.

그러나 기상, 해양, 빙하, 경제를 전공한 과학자 3,000명 이상이 모여 기후변화 문제를 다루는 유엔의 산하조직 IPCC(International Panel on Climate Change)는 인류가 만들어낸 산업체계로 인해 기후 위기가 나타나고 있다는 것에 압도적으로 동의하고 있습니다. 너무 거대한 변화여서 와닿지 않을 수 있지만, 이미 과학계에서는 기정사실화되어 있습니다. 구조적으로 이런 위기들은 종합적인 정보를 한 꺼번에 다룰 수 있는 정치권이나 변화에 민감한 기업, 관 련업에 종사하는 사람들이 먼저 알 수밖에 없고, 일반 시 민들의 문제의식은 뒤따라갈 수밖에 없습니다.

이 거대한 구조적 변화를 우리는 어떻게 수용할 수 있을 까요? 다음 장에서는 다시 쓰레기 문제로 돌아가, 해결책 을 모색하고 있는 시도들을 살펴보겠습니다.

CHAPTER 5

쓰레기를
자원으로
바꾸는 힘

플라스틱 쓰레기 문제는 기후 위기로 연결됩니다.

결국 인류가 지구에서 살아가는 것 자체에

문제를 던지는 것입니다.

세계가 동시에 맞닥트리고 있는 이 문제에

각국은 어떻게 대처하고 있을까요?

휘리릭 지구를 한 바퀴 돌아봅시다.

혐오시설에서
예술작품으로

흔히 알고 있듯이 소각장은 혐오시설입니다. 그러나 여기 오스트리아 빈에는 혐오를 넘어 시민들에게 사랑받는 시설로 거듭난 소각장이 있습니다. 여기서도 소각시설에 대한 반대가 왜 없었겠습니까. 정치인들은 주민들과 소통에 소통을 거듭했고 약속을 지켜 예술품으로 완성해냈습니다. 오스트리아가 낳은 유명한 예술가 훈데르트바서가 전체를 디자인했죠.

이곳에서 생산되는 전기와 난방은 빈 시내 약 6만 가구에 제공하기에 충분한 양입니다. 소각장에서 뿜는 연기도 필

—— 연간 생활쓰레기 25만 톤을 처리하는 슈피텔라우 소각장

터로 열심히 걸러 오염원 발생을 최소화하고 있고요. 여기
에 더해 관광자원으로서 기능까지 하며 소각장은 이제 빈
에서 꼭 필요한 요소로 완전히 자리매김했습니다.

도시를 쾌적하게 유지하고 장기적으로 지속가능하게 하
는 것은 자원을 아껴 쓰고, 재활용도를 높이고, 처리의 과
정과 결과를 친환경으로 만드는 것입니다.

빈은 세계에서 가장 살기 좋은 도시 1위로 선정될 만큼 지
속가능 경쟁력을 갖춘 도시입니다. 상대적으로 시민들 간
의 갈등도 적고, 정치와 사회적 타협기구를 통해 해결하는
문화가 있죠. 소각장 도심 건립에 따른 사회갈등을 잘 풀어
간 슈피텔라우 소각장에서 우리가 배울 점이 있을 겁니다.

스키 타러
쓰레기장에 갑니다

"우리는 87% 이상의 재활용률을 기록하고 있습니다."

놀라운 수치입니다. 코펜하겐 재활용센터는 기업에서 나오는 산업현장 폐기물, 시민들 개개인이 필요에 따라 쓰고 난 건축폐기물과 정원폐기물 등이 모이는 곳입니다. 특히 상업폐기물을 유료화하여, 일회성 티켓과 연간 티켓으로 나누어 구매하도록 한 것이 인상 깊었습니다.

재활용센터는 쓰레기가 되어버릴 운명에 처한 물건들을 되살립니다. 새로운 주인을 찾아주어 재사용되도록 하는 거죠. 매주 일요일 12시는 재활용품 득템의 시간입니다. 다시 쓰지 않으면 쓰레기가 되지만, 필요한 사람에게 연결하면 쓰레기 배출이 최소화되니까요. 재사용 무료 나눔 마켓은 매주 일요일마다 300명 이상의 시민들이 방문할 정도로 참여가 활발합니다.

하이라이트는 최근에 문을 연 아마게르 바케 스키 소각장입니다. 소각장은 이미 2017년 가동을 시작했지만, 스키장은 2019년 10월에야 문을 열었습니다. 소각장 건물 자체를 소각 용도로만 사용하는 게 아니라, 스키장 슬로프를 건물 옥상과 외벽으로 얹어 활용도를 극대화했죠. 여기에 80m 암벽등반, 산책코스, 프리스타일 스키, 어린이 코스 등을 따로 만들고 4개의 리프트, 스키상점, 레스토랑 등을 구성하여 시민들의 놀이터로 꾸몄습니다.

유럽 사회는 전반적으로 매립을 줄여나가고 있고, 재활용과 소각을 통한 에너지 사용으로 지속가능하며 친환경적인 도시를 만들어나가고 있습니다. 덴마크가 거기 앞장서고 있는 셈이죠. 코펜하겐은 2025년까지 세계 최초로 탄소 제로 도시에 등극하려는 야심을 가지고 열심히 '실천' 중입니다.

—— 아마게르 바케 소각장. 옥상을 슬로프로 만들었다

—— 재활용품을 득템하기 위해 줄 서 있는 시민들

일본에는 없는 직업,
환경미화원

이번엔 일본으로 가보겠습니다. 하루 평균 1톤짜리 트럭 20여 대가 80회 이상 오갑니다. 하루에 평균적으로 쓰레기 100톤을 소각하고, 연간 3만 6,000톤을 소각합니다. 2개의 소각로에서 시너지를 내며 발전되는 전기는 하루 평균 2,300kW인데, 약 6,000가구에 전력을 보급할 수 있는 양입니다. 남는 전력은 도쿄전력에 팔고 있고요. 바로 도쿄 서쪽에 위치한 무사시노 클린센터 이야기입니다.

무사시노 클린센터는 누구에게나 열려 있는 공간입니다. 2층에 들어서면 대부분의 소각 관련 시설이 투명한 유리로 되어 있어 내부를 훤히 볼 수 있습니다. 몇 kW의 전력이 생산되는지와 함께 소각로에서 배출되는 유해가스가 기준치를 지키고 있는지, 소각로의 열은 몇 도인지 등 모든 것이 투명하게 공개되고 있습니다. 새로 오픈한 소각장 옥상에서는 시민들의 자발적인 참여로 음식물 쓰레기로 비료를 만들고, 옥상 공원에서 채소 가든을 운영하고 있습니다.

보통 쓰레기를 태우면 재가 남습니다. 100 정도 크기의 쓰레기를 소각하면 5 정도 크기의 재가 되는 셈입니다. 이러한 재는 그 자체로 오염원이기도 해서 결국 처리 비용이 수반되는데, 클린센터에서 발생한 재는 에코시멘트 공장으로 옮겨져 에코벽돌로 재탄생되어 도시 한쪽의 보도 블록이 되고 있습니다.

일본은 지구를 돌면서 가장 깨끗한 나라 중 세 손가락 안에 들어갈 정도로 구석구석 정돈이 잘된 느낌을 받았습니다. 깨끗한 도시경관을 유지하는 데도 놀랐지만, 더 놀라운 것은 환경미화원이라는 직업이 없다는 것이었습니다. 흔히 빗자루를 들고 길가를 청소하는 사람을 많이 봤지만 모두 시민들로 구성된 자원봉사 조직이었습니다. 일본 전

—— 무사시노 클린센터는 마치 미술관 같은 모습으로 주민들 앞에 나타났다

역엔 이렇게 거리 청소를 목표로 하는 시민모임이 2,000 개가 넘습니다.

또 하나 눈여겨볼 점은 자기 집 앞이나 가게 앞은 본인 책임하에 있는 영역이라는 시민의식입니다. 내 주변을 깨끗하게 하여 타인에게 피해를 주지 않으려는 시민의식은 오늘날 지구상에서 가장 깨끗한 도시를 만드는 원동력이기도 합니다.

컵 보증금 제도와
공유 컵

60분

커피 컵
30만 개

365일

커피 컵
28억 개

||

나무
4만 3,000그루

물
15억ℓ

전기
3억 3,000kW

원유
3,000톤

||

폐기물 4만 톤

독일에서 현재 벌어지고 있는 실상입니다. 1시간여 만에 30만 개의 커피 컵이 소비되는데, 연간 28억 개에 달하는 엄청난 양입니다. 4만 톤의 폐기물로 변하게 될 커피 컵이 환경을 훼손함은 물론이며, 처리에도 막대한 에너지가 필요합니다. 오늘날 이 문제는 독일에 국한되지 않습니다. 커피 컵만 문제 되는 것도 아닙니다. 사실상 우리가 이용하고 있는 모든 일회용품을 합하면 천문학적 수치로 바뀌게 됩니다.

인류는 이미 일회용품과 플라스틱에 익숙해져 버렸고, 불편함을 감수할 준비도 전혀 되어 있지 않습니다.

독일은 유럽 내에서도 재활용률을 높이기 위해 선진적으로 노력하는 나라임이 틀림없습니다. 매립을 줄이고 소각을 통해 에너지를 회수하려 하며 석탄과 석유, 원자력 에너지의 비중을 줄이고 재생에너지로의 도전을 선도하고 있습니다. 특히 독일을 비롯해 일부 유럽 국가들이 펼치고 있는 보증금 환불제도는 우리가 배워볼 만합니다.

처음 독일의 마트에 갔을 때 가격표가 너무 싸게 붙어 있어 놀랐습니다. 그런데 계산할 때 추가로 돈이 붙었습니

다. 저는 아마도 복지의 대가인 높은 세금일 거라고 생각
했지만, 며칠이 지나고 나서야 알게 되었습니다. 재활용이
가능한 제품에 붙는 보증금이라는 것을요.

중대형 마트엔 플라스틱과 빈 병을 받고 보증금을 환불해
주는 기계가 어김없이 배치되어 있었습니다. 동그란 구멍
으로 유리병이든 페트병이든 넣으면 식별은 기계가 알아
서 합니다. 가격 책정도 자동으로 하고요. 반납을 모두 마
치면 자판기에서 액수가 적힌 바코드 종이가 출력되는데,
이를 마트에서 현금처럼 사용하거나 현금으로 돌려받을
수 있습니다. 이것이 바로 판트 제도입니다.

—— 보증금 환불 기계, 핀란드

병에 따라서 판트에 적용받지 않는 것도 있는데, 이것들은 분리수거함에 넣어 처리해야 하죠. 분리수거에 따른 보증금제도는 독일 전역에서 실시되고 있습니다.

한편 독일의 '친환경 수도'라고 불리는 프라이부르크에서는 색다른 시도가 펼쳐지고 있습니다. 2019년 1월, 장애인 동계올림픽이 열린 토트나우베르크에서는 일회용컵 쓰레기가 하나도 발생하지 않았습니다. 이들은 대회기간 동안 재사용이 가능한 컵을 사용했고, 그래서 대회 내내 쓰레기가 나오지 않은 것이죠.

이름하여 프라이부르크 컵. 2016년 11월에 시작해 현재 134개의 카페와 빵집이 동참하고 있습니다. 바로 커피 컵 보증금 환불제도입니다. 이 제도는 판트와는 별개로 시도되고 있습니다. 일회용으로 쓰고 버려지던 컵의 내구성을 높여 재사용하는 데 문제가 없도록 했고, 프라이부르크라는 도시의 디자인을 컵에 입혀 카페들의 동참을 이끌어냈습니다. 이 프로젝트의 핵심은 공유입니다.

① 재사용이 가능한 컵을 모든 카페가 이용하도록 할 것 ② 그 컵이 카페로 반환되게 하는 강력한 유

인책을 둘 것 ③ 컵 반납이 쉬울 것

이런 과제를 해결하면서 더 많은 카페가 동참했고 점차 세를 넓혀가고 있습니다. 이 컵은 단단한 플라스틱 재질이어서 다 먹고 난 뒤에도 쉽게 버릴 수 없습니다. 컵의 가치가 1유로(약 1,300원)이기 때문입니다. 시민들은 커피를 테이크아웃한 뒤 1유로를 되돌려 받기 위해 반납을 하는데, 꼭 본인이 샀던 카페에 반납하지 않아도 됩니다. 가맹점 중 가장 가까운 카페에 반납하면 어디에서건 1유로의 보증금을 돌려받을 수 있거든요.

가맹점이 어딘지 어떻게 아느냐고요? 컵에 찍혀 있는 QR 코드에 모바일 카메라를 대면 바로 가맹점이 표시된 지도가 뜹니다. 가장 가까운 가맹점으로 가서 반납하면 친절하게 보증금을 받을 수 있겠죠.

—— 프라이부르크 컵

프라이부르크 컵이 탄생한 이유는 기존의 일회용컵이 재활용되지 못하기 때문입니다. 쓰레기로 변해버린 컵을 처리하기 위한 에너지의 추가비용, 계속해서 필요한 컵을 생산해야 하므로 일어나는 탄소 발생은 피할 수가 없습니다. 프라이부르크 컵을 사용하면 쓰레기를 줄이는 데 동참하는 것일 뿐만 아니라, 지구 온도의 상승을 낮추고 기후 위기를 막는 데 나서는 일이 될 수 있습니다.

아직은 도시 전체로 퍼지지 않았지만 주로 대학 캠퍼스 내의 매장들에서 활발하게 이용되고 있습니다. 전환기를 거치고 있는 것이죠. 이러한 시도는 서로 조금씩 양보하여 똑같은 모양의 컵을 사용하기로 하는 것인 만큼, 불편함을 감수하면서도 환경을 지키고자 하는 독일의 시민의식을 보여주는 장면입니다.

NO 플라스틱 마켓

독일 베를린에 위치한 조그마한 가게. 이곳은 비닐봉지를
사용하지 않습니다. 이런 슈퍼마켓은 덴마크 코펜하겐에
서도 만났습니다. 인류 최고의 발명품이라 칭송받던 플라
스틱이 역으로 인류를 공격해오기 시작하자 개인이 할 수
있는 일을 찾아 시작한 것으로, 간판은 오리기날 운페르팍
트(Original Unverpackt). 이곳에는 구매한 물건을 담아주는
비닐봉지뿐 아니라, 각각의 상품을 포장한 포장지가 아예
없습니다.

대개의 슈퍼마켓은 곡물과 과자, 심지어는 채소까지도 비

—— 시민들의 자발적인 모임으로 포장재가 필요 없는 쇼핑 네트워크를 시작한 것은
2012년으로 거슬러 올라간다

닐봉지에 포장돼 있거나 통 자체가 일회용 플라스틱인 경우가 대부분이죠. 반면 이곳은 재활용이 가능한 유리병, 플라스틱이더라도 내구성이 강해 계속 사용할 수 있는 플라스틱 통, 종이 재질의 봉투를 씁니다.

투자 비용과 유지관리 비용 등으로 초기에는 힘들었는데, 취지에 공감하는 시민들이 많아지면서 매장을 찾는 손님이 계속 늘고 있습니다. 이곳을 찾는 손님들은 모두 계획적으로 쇼핑을 합니다. 필요한 물품을 사기 위해서는 그 물품을 담을 통을 미리 준비해와야 하기 때문이죠. 계획에 없던 상품을 구매할 때는 상품 옆에 마련된 종이 포장재를 사용하면 됩니다. 아주 조금만 불편을 감수하면 쓰레기를 줄일 수 있기에 기꺼이 이 방식을 선택하고 고수하고 있습니다.

우리는 쓰레기를 자원화하기 위해 노력해야 하지만, 쓰레기를 애초에 발생시키지 않도록 하는 방식도 함께 가져가야 합니다. 생산자와 수익자에게 부담을 더 높이고, 재활용이 불가능한 제품은 만들지 못하도록 원천 규제하는 것이 필요하죠. 제도와 법률을 만들기 위한 시민들의 움직임에 더해 아예 시민 스스로가 플라스틱을 사용하지 않는

환경, 시민 개개인의 각성을 불러일으키는 시도로 더 넓혀
졌으면 좋겠습니다.

쓰레기를 가져오면
채소를 드려요

쿠리치바.

이곳은 브라질에서도 유명한, 아니 전 세계 행정가들에게 친환경 교통도시로 명성을 떨치는 도시입니다. 명성 그대로 깨끗한 길거리와 체증이 많지 않은 교통체계, 제각기 다양한 얼굴로 도시를 채우고 있는 건물과 때때로 만나는 녹지공원이 매우 반가운 곳입니다. 익히 알려진 버스시스템은 1974년 구축된 이래 세계의 주목을 받아왔습니다. 서울의 중앙차로 및 환승체계가 이 도시를 모델로 재탄생되기도 했죠.

깨끗하게 정돈된 도시 쿠리치바에도 명암이 존재합니다. 바로 화려한 도시 이면의 저소득층과 노숙자들이죠.

이 도시에서 운영하는 프로그램을 살펴봤습니다. 주 정부와 시 정부 주도로, 제대로 된 소득이 없는 가난한 이들을 위해 **녹색교환 프로그램**(재활용 쓰레기 4kg당 1kg의 농산물로 교환)을 운영하고 있었습니다. 일종의 물물교환 방식인데, 쓰레기와 음식을 교환한다는 점에서 특이합니다. 도시 미관을 깔끔하게 유지하도록 유도하면서 도시 내의 농산물 잉여를 막는, 두 마리 토끼를 잡는 기능을 하는 것이죠. 이 정책은 브라질의 여러 도시로 퍼져나갔습니다.

저는 쿠리치바에서 1시간여를 달려야 도착하는 재활용 선별장도 방문했습니다. 에코시민 프로그램 현장인데, 에코시민이란 재활용 가능한 쓰레기를 분류하는 사람들을 지원하는 프로젝트입니다. 도심의 쓰레기가 차량을 통해 배달되면 이들이 분리수거에 나섭니다. 대략 15일 동안 약 30톤의 쓰레기를 처리하지요. 교육받지 못했거나 직장을 잡기 어려운 처지에 있는 이들이 주로 고용되어 소외된 이들을 돕는 프로젝트의 성격도 띠고 있습니다.

두 프로그램을 통해 모은 재활용 물품들은 다시 쓰레기수 거협회를 통해 재활용됩니다. 도시 빈민의 삶 향상과 친환경 둘 다를 잡으려는 시 정부와 NGO의 합작품입니다.

—— 재활용 선별장, 브라질

이들은 작업장 한쪽에 있
는 유리병을 녹여 만든
상품들을 보여주기도 했
습니다. 재활용을 통해
변형된 유리병은 유리그
릇, 유리전시품으로 색다
른 상품이 되었군요.

대만이 쓰레기 배출에
철저한 이유

대만으로 가보겠습니다. 자원순환 선진국으로 알려진 대
만은 2018년 중국의 폐기물 수입금지로 피해를 입었습니
다. 중국으로 향했어야 할 폐기물들이 대만으로 일부 유
입되면서 대만이 수용할 수 있는 양을 초과해버린 것이죠.
컨테이너 개수로 무려 4만 개에 달합니다.

대만에는 용기폐기물 재활용업체 290개와 PET, PVC,
PE, PP, PS폐기물 가공업체 24곳이 있습니다(2017년 기준).
모두 민간업체이며 수거된 폐기물을 재가공하여 물질의
특성에 맞게 새로운 제품으로 탄생시킵니다. 2010년 남아

공 월드컵에 출전한 국가 중 9개 팀의 축구복이 대만에서 수거된 페트병으로 만들어졌을 정도지요. 이외에도 가발, 지퍼, 포장상자, 팔레트, 공구상자 등 다양한 제품으로 새 삶을 얻는 것이 대만에서는 매우 자연스러운 일입니다. 용기폐기물 재활용률이 80%에 이르는 등 높은 수준을 유지하는 힘은 이들의 수거 방식에 있습니다.

대만에선 오후나 저녁에 길을 걷다 보면 희한한 장면을 마주치게 됩니다. 도심 속에 갑자기 울리는 트럭의 멜로디 소리에 사람들이 다가와 쓰레기봉투를 던지는 모습이 바

—— 대만은 대부분 제품에 투명한 플라스틱 용기를 사용한다

로 그것입니다. 제가 지났던 신베이시의 거리에서도 저녁 7시를 전후한 시간에 사람들이 쓰레기를 투척했습니다. 트럭은 두 대가 세트로 움직이는데, 흰색 트럭엔 재활용 쓰레기를 던지고 노란색 트럭엔 생활쓰레기를 던집니다.

아울러 재활용 쓰레기의 회수율을 높이기 위한 방책으로 쓰레기 정거장을 설치하고, 재활용 쓰레기의 무게에 따라 포인트를 지급하고 있습니다. 포인트는 쓰레기봉투나 친환경 제품으로 교환이 가능합니다. 이 과정에서 쓰레기 정거장을 지키는 이들은 모두 자원봉사자였는데, 퇴직공무원 등 공직에 몸담았던 사람들이 몸소 나서고 있는 것도 눈여겨볼 점이었습니다.

대만의 깨끗한 거리는 이런 체계를 가지고 움직이는 시민들의 생활상이 있기에 가능했습니다. 불편하지만 생활쓰레기의 차량 수거를 고수하는 이유도 그렇습니다. 집 밖엔 쓰레기를 버릴 곳이 없기 때문에 쓰레기 발생에 주의를 기울이지 않으면 집안에 쓰레기가 쌓이겠죠. 그래서 차량이 돌지 않는 수요일과 일요일을 제외하곤 매일 재활용을 분리하여 쓰레기를 배출하는 것입니다.

이렇게 관리한 결과 대만 전체에서 발생하는 일반쓰레기는 매월 약 80만 톤에 달하지만, 재활용이 45만 톤으로 50%를 상회합니다. 에너지 회수를 위한 소각량은 36만 톤이고, 매립은 7,000톤에 불과합니다. 매립이 과거보다 현격히 줄어들었죠. 대만은 섬나라로서 자원의 순환율을 높이고자 지속적으로 노력하고 있습니다.

—— 시민들에게 나눠주는 분리수거 전단. 그림으로 보기 편하게 되어 있고, 요일별 배출 품목이 구분되어 있다

또 다른
도시에서는

 쓰레기를 쌀로 바꿔드립니다

필리핀 마닐라의 남부도시 문틴루파의 바얀 안 마을에서는 2019년 9월부터 폐기물 문제를 개선하기 위한 프로그램의 일환으로 플라스틱 쓰레기를 쌀로 바꿔주는 사업을 시작했습니다. 인구의 20% 이상이 빈곤에 시달리는 이들에겐 쌀 1kg(700원)도 적지 않은 돈입니다. 게다가 해양오염의 원인이 되는 국가 중 필리핀은 손가락 안에 들기 때문에 자체적인 쓰레기 문제가 매우 심각합니다. 그래서 빈곤 문제에 대한 지방정부의 지원, 쓰레기 분리수거를 통한 환경 개선이라는 두 마리 토끼를 잡으려고 하는 것입니다.

 쓰레기 카페로 오세요

인도 중부 차티스가르주의 암비카푸르시는 쓰레기 카페를 시작했습니다. 재활용 쓰레기 1kg에 대한 대가로 무료식사를 제공합니다. 무엇보다 여기에서 수거된 쓰레기들은 그

지역 아스팔트 도로 건설의 재료로 쓰일 예정이며, 기존 도로보다 더 튼튼하고 홍수나 재해에도 잘 견딘다고 합니다. 앞으로 시는 예산을 투입하여 도시의 주요 버스정류장에 이런 카페를 더 설치할 예정입니다.

도전! 폐기물 제로 도시

미국의 환경정책을 이끌어가는 곳으로 평가받는 샌프란시스코. 이곳은 폐기물 없는 도시를 표방하며 2013년 일회용 비닐봉지를 마트에서 퇴거시켰고, 2019년에는 일회용 빨대를 비롯해 일회용 수저와 포크, 컵과 뚜껑, 이쑤시개 등을 셀프 식당이 아닌 곳에서는 사용을 금지하는 조례를 시행하고 있습니다.

https://sfenvironment.org

학비로 쓰레기를 받는 학교

인도는 매일 2만 6,000톤의 폐기물이 발생합니다. 히말라야 산기슭에 위치한 마을은 겨울을 따뜻하게 나기 위해 폐기물을 태우고 유독가스에 노출됩니다. 그러나 2016년 학교가 설립되면서 지역사회를 바꾸기 시작했습니다. 아이들은 학비로 플라스틱 폐기물을 대신 내며 환경교육을 받습니다. 지역의 동식물을 돌보고 가꾸는 것이 커리큘럼이며, 돈을 어떻게 벌어야 할지 실용적으로 배우며 기술을 익힙니다. 세상을 구하는 인도 학교의 실험이 꼭 성공했으면 좋겠습니다.

www.aksharfoundation.org

까마귀 청소부 고용하기

프랑스 퓌뒤푸는 역사를 테마로 조성된 공원입니다. 이곳을 청소하는 이는 사람이 아니라 까마귀 6마리입니다. 조련사 크리스토프는 당초 공주에게 장미를 물어다 주는 까마귀 공연을 위해 까마귀 조련사로 일했습니다. 훈련 내용을 장미에서 담배꽁초로, 물어다 주는 장소를 공주가 아닌 나무 박스로 바꾼 것이죠. 이곳의 까마귀들은 주4일 일을 하면서 사람들에게 쓰레기를 버리지 말아야겠다는 교훈을 줍니다. 네덜란드 역시 학습능력이 좋은 까마귀가 담배꽁초를 물어와 크로우 박스(Crow Box)에 넣으면 먹이가 나오는 방식으로 쓰레기를 청소하고 있습니다.

쓰레기로 만든 멋진 담벼락

뉴질랜드의 라플라스는 쓰레기를 그대로 모아 거대한 벽돌로 재탄생시킵니다. 이 쓰레기로 간단한 담벼락이나 조형물을 만듭니다. 2019년 이 벽돌 기술로 하와이에 있는 고등학교에 체육관 건물을 올리기도 했습니다. LA 해변가에는 구호 초소를 만들기도 했고요. 막대한 양의 쓰레기는 소각과 매립만으로 감당이 어렵습니다. 어차피 지구 어딘가에 쌓일 거라면 블록으로 이쁘게 쌓이면 실용적이어서 참 좋을 것 같군요. 쓰레기를 봉인하는 멋진 기술입니다.

CHAPTER 6

오 마이 쓰레기,
남은 음식부터
동물 사체까지

음식물 쓰레기는 부패하기 때문에

온실가스를 내뿜는 큰 원인이 됩니다.

따라서 최대한 줄여야 합니다.

음식물 쓰레기를 없애기 위한 구조도

플라스틱 쓰레기와 똑같습니다.

생산과 소비, 뒤처리가 순환되는 체계가

이루어지도록 해야 합니다.

음식이
쓰레기가 되는 시간

우리 삶에서 음식은 얼마만큼 중요할까요? 누군가는 좋아하는 사람들과 무엇을 먹을까 고민할 때, 그리고 그들과 함께 맛있는 음식을 먹을 때 가장 큰 행복을 느낀다고 합니다. 음식은 또 지구가 풍요로워졌다는 것의 산물이기도 합니다. 많은 지구인에게 행복을 가져다주는 음식이지만 이 역시 양면이 존재합니다. 먹기 좋은 음식, 먹고 난 이후의 음식은 어떻게 되는 걸까요?

음식물 쓰레기는 우리가 버리는 쓰레기의 상당량을 차지합니다.

외식이 일상화되면서 가정에서 나오는 쓰레기가 많이 줄었다고 하지만 여전히 음식물 쓰레기 수거통은 넘치고 있습니다. 이렇게 모인 쓰레기가 어디로 가는지, 어떻게 처리되는지에 관심을 가진 적 있으신가요? 저는 없었습니다. 여행을 떠나기 전까지는요. 여행 중 음식물과 생활쓰레기를 분리수거하지 않는 선진국들의 모습을 보며 당황스러웠고 이후 관심을 두기 시작했죠. 이제 그 이야기를 해보려 합니다.

음식물 쓰레기를
먹어 치우는
바퀴벌레 호텔

중국 산둥성 지난시. 이곳은 지난 시내에서도 동쪽으로 한 시간을 넘게 달려야 나오는 곳입니다. 농지 사이로 시멘트와 유리가 섞인 건물이 낮게 올라가 있습니다. 무엇을 하는 곳일까요? 바로 음식물 처리장입니다. 그런데 음식물을 처리하는 방식이 매우 획기적입니다. 음식물 처리를 위해 바퀴벌레 40억 마리에게 최고급 숙식을 제공하고 있거든요. 으아. 도대체 어떻게 음식물을 처리한다는 걸까요?

원리는 간단합니다. 창문이 없는 시멘트 구조물 안에 바퀴벌레가 살아갈 최적의 환경을 조성하는 것입니다. 음침한

곳을 좋아한다고 알려진 바퀴벌레들을 위해 온도와 습도를 자동으로 제어하고 유지하는 스마트홈 기능을 탑재했죠. 바퀴벌레들은 최적의 환경에서 하루에 6회 식사를 하며 2일에 한 번 알을 낳는데, 알 하나에서 16마리의 새끼가 부화합니다. 이곳의 생태계가 유지되기 위해서는 40억 마리의 개체 수가 늘어서도 안 되고 줄어서도 안 됩니다. 때문에 생명이 다한 사체와 낳은 알을 부화하기 전에 긁어내는 자동시스템도 설치했습니다.

이들은 안락한 공간에서 하루 200톤의 음식물 쓰레기를 먹어 치웁니다. 최대 11개월까지 사는 바퀴벌레는 중국인들이 먹고 남은 산해진미를 모두 맛보는 삶을 사는 셈입

—— 바퀴벌레가 인류의 희망이 될지도 모른다

니다. 이런 획기적인 아이디어를 실행시킨 곳은 산둥 퀴오 빈 농업과학기술회사입니다. 친환경 하이테크 농업회사 죠. 세계적으로 골머리를 앓고 있는 음식물 쓰레기 처리에 한 획을 그은 것입니다.

이곳이 획기적이라고 평가받는 이유는 또 있습니다. 바퀴 벌레가 깐 알들이나 걸러진 죽은 바퀴벌레가 영양분을 흠 뻑 머금은 훌륭한 퇴비가 된다는 것이죠. 그 자체로 최고 의 영양퇴비가 되어 유리온실로 마련된 2층 스마트팜에 뿌려지게 됩니다. 토마토와 오이 등 자동화시스템에 의해 재배되는 이곳 농장의 상품들은 최상의 품질을 자랑합니 다. 또 퇴비뿐만 아니라 훌륭한 사료도 되지요. 최상의 고 단백질 영양소이기 때문에 닭의 사료로 쓰면 닭의 상품 가치가 매우 높아지는 결과를 얻었다고 합니다.

중국에서 이런 회사가 창립하게 된 것은 역시 이유가 있 습니다. 저는 2년여의 세계여행 중 중국만 약 3개월 이상 의 기간을 둘러보며 여행했는데, 중국의 식문화는 **과잉 상차림**입니다. 손님을 대접할 때도 남기도록 여유 있게 음식을 시키는 것이 예의입니다. 음식이 남아야 대접했다 는 문화가 뿌리 깊기 때문이죠.

오늘날 중국 도시들에
서 나오는 음식물 쓰레
기는 약 6,000만 톤에
달합니다. 이는 도시에
서 생활하며 배출하는
폐기물의 절반을 차지
할 정도로 막대합니다. 문제는 막대한 음식물 쓰레기를 처
리할 능력을 갖추지 못한 데 있습니다. 독일, 일본, 스웨덴
등은 분류된 음식물 쓰레기를 발효해 바이오 가스를 생산
하거나, 고온살균을 통해 유기비료 및 퇴비의 원료로 사용
하여 순환 자원화하고 있는 데 비해 중국은 이 기술을 도
입했음에도 분리수거 미정착으로 여전히 어려움을 겪고
있습니다.

아마도 4차 산업혁명은 재활용을 가능하게 하는 기
술의 싸움이며, 이것이 지속가능한 인류의 삶을 만드는
거의 유일한 길입니다.

하수처리장이
해결하지 못하는 것들

음식 쓰레기 문제는 서구사회도 예외가 아닙니다. 제가 여행을 다니면서 받은 충격이 바로 여기에서 시작됐습니다. 생활쓰레기통에 음식물 쓰레기를 섞어 버리는 모습이 그것입니다. 선진국인 미국이나 유럽의 상당수도 분리수거 없이 버리고 있더군요.

일부는 싱크대에 설치된 분쇄기를 통해 하수구로 보내기도 합니다. 이 방식은 매우 간편하고 냄새도 유발되지 않습니다. 하수구로 음식 쓰레기를 넣으면 음식물이 갈리면서 하수처리장까지 흘러 들어가는 것이죠. 하수처리장은

—— 하수구 처리기

도시의 오물과 분뇨 등을 처리하여 정화된 깨끗한 물을
강이나 바다로 흘려보내고, 남은 찌꺼기를 재활용하여 퇴
비 등 자원으로 재순환되도록 합니다. 이러한 하수처리장
이 제대로 완비되지 않은 도시는 오폐수가 자연과 강으로
흘러들어 심각한 2차 환경피해를 일으키며, 분뇨와 음식
물 찌꺼기 등이 섞인 어마어마한 덩어리들 역시 토양, 지
하수를 오염시키는 문제를 낳습니다.

제대로 된 하수처리장이 있다고 하더라도 문제는 남습니
다. 하수도로 모인 물의 정화는 어느 정도 이뤄지고 있지

만, 찌꺼기 덩어리들은 그 양이 처리 수준을 훨씬 넘어설 정도로 막대합니다.

한국의 어떤 지역은 하수처리장에서 나온 슬러지들을 처리하여 퇴비로 만드는 순환체계를 마련했지만, 여기서 나오는 퇴비는 쌀, 콩, 감자 등 식량 작물에 쓰면 안 됩니다. 꽃이나 나무 등을 키우는 곳에만 뿌려야 하죠. 그러나 현실은 슬러지의 양이 많아 법을 지키기 어려운 상황에 놓인 것입니다. 결국 식량 작물을 키우는 논과 밭으로 향하게 됩니다. 그 퇴비 속에서 자란 농산물은 소비자인 인간이 다시 먹게 되는 것이고요. 이것은 한국만의 문제가 아닙니다.

버려지는 음식을 구하라

최근 뉴욕에서는 버려지는 음식물을 모으는 프로젝트가 진행되고 있습니다. 모인 음식물을 바로 퇴비로 만들면, 하수구에서 분뇨들과 섞이는 과정을 거친 것보다 우수한 품질의 퇴비를 얻을 수 있기 때문이죠. 이 퇴비는 식량 작물을 키우는 농가에 바로 공급할 수 있습니다.

뉴욕은 아예 음식물 쓰레기 박람회를 개최하고 있기도 합니다. 음식물 쓰레기 처리를 주요사업으로 하는 업체들의 기술을 소개하고, 음식물 쓰레기가 나오지 않도록 하는 요리대회도 엽니다. 제로 음식물 쓰레기를 유도하는 주방디자인, 집에서 음식물 쓰레기 최소화를 실천할 수 있는 워크숍 등 다채로운 행사인데, 2019년에는 1,000여 명 이상이 참여했습니다.

무엇보다 음식물 쓰레기를 별도로 분리해서 적절히 처리하면 메탄가스를 줄이는 등 기후변화의 속도를 늦추는 데 도움이 됩니다. 지구 온도를 올리는 메탄가스는 매립지에서만 미국 전체 메탄가스 배출량의 20%를 발생시키고 있거든요. 미국 환경보호국(EPA)도 2030년까지 음식물 쓰레기를 50% 이상 감소시키는 것을 목표로 하고 있습니다.

이 목표에 부응하려는, 팔리지 못했지만 버리긴 아까운 음식들을 기부하여 노숙자, 빈곤층에게 나눠주는 푸드뱅크도 있습니다. 보스턴 푸드뱅크는 매사추세츠 전역의 190여 개 도시와 마을을 대상으로 매월 14만 2,900명 이상의 사람들에게 음식을 제공하고 있습니다. 2028년까지 매사추세츠주에 거주하는 모든 사람이 기아에서 해방되는 것을 목표로 하고 있죠. 이를 위해 식품산업 기업과 정부, 자선단체와의 네트워크를 더 강력하게 만들고, 여기에서 얻어진 식재료들을 건강한 식단으로 변환시켜 하루 세끼를 보장합니다. 생산된 농산물이 쓰레기화되는 것을 막으면서 빈

—— 푸드뱅크 현장

곤계층의 배고픔까지 해결하는 방법입니다.

이러한 움직임은 독일에서 매우 활발합니다. 독일에서는
매년 1,300만 톤의 음식물이 버려지는데, 이를 줄이기 위
해 시민들이 해결책을 찾아 행동하고 있습니다. **푸드셰
어링**이 대표적인 활동이죠. 2012년 베를린에서 시작하
여 29만 명이 넘는 사람들이 음식 공유에 나섰으며, 6만
6,000명이 빵집, 슈퍼마켓, 식당과 도매업자로부터 과잉
생산되거나 남은 음식을 거두어 나누는 일에 자원하고 있
습니다. 독일 전역에서 2,500회 이상 지속적인 교환이 일
어나고 있는 것이지요. '내가 음식을 구하러 갈게'라고 하
는 이 프로젝트는 이제 오스트리아, 스위스, 벨기에 등 여
러 도시로 옮겨가면서 세계적인 음식 공유 도시운동으로
넓어지고 있습니다.

또한 도시 공간에 **공유 냉장고**를 설치하여 누구든지 남
는 음식을 기부하고 필요한 사람이 가져가게 하는 프로젝
트도 진행 중입니다.

영국, 덴마크, 스웨덴, 핀란드 등지에서는 레스토랑들이
남은 음식을 반 가격에 내놓아 소비자들을 연결하는 비즈

니스도 성장하고 있습니다. 대표적인 기업으로 스웨덴의 카르마(Karma)가 있는데, 음식 쓰레기로 발생하는 환경문제를 해결하기 위해 설립되었습니다. 그냥 버려졌던 음식물들이 새로운 주인을 찾을 수 있게 된 것이죠. 이는 다름 아닌 IT 기술의 힘입니다.

카르마 앱은 무료 가입으로 식당들이 전에는 그냥 버렸을 음식을 내놓아 추가수익을 올릴 수 있다는 점에서 가입의 유인이 큽니다. 소비자들은 앱의 지도를 통해 나와 가장 가까운 곳에 어떤 음식이 얼마에 올라와 있는지를 확인하며 선택할 수 있고, 평균 50% 할인된 금액으로 테이크아웃하여 먹을 수 있습니다. 현재는 스웨덴 전역을 넘어 런던, 파리로도 확장했고요. 이들은 좋은 음식, 돈 절약, 환경보호를 모토로 하여 음식 쓰레기를 없애기 위한 분명한 목표를 제시하고 있습니다.

각 도시의 이러한 움직임은 사실 세계적으로 대응해야 할 문제일 만큼 심각합니다. 앞서 설명했지만 음식물 생산과 처리 과정에서 배출되는 탄소량이 엄청나기 때문이죠. 그런데도 세계적으로 버려지는 음식 쓰레기의 양은 16억 톤이며, 이는 전 세계 먹거리 생산량이 약 40억 톤임을 고려

할 때 무려 3분의 1에 가깝습니다.

현대사회는 먹을 것이 너무 다양합니다.

—— 탄자니아에서 버려지는 음식물들, 잔지바르

한쪽은 굶어 죽고
한쪽은 버리기 바쁜
아이러니

인간이 살아가는 데 필요한 세 가지를 의식주라고 하죠. 입을 것, 먹을 것, 잘 곳을 말하는데 반대로 이 세 가지가 없으면 살아가기 어렵다는 것을 의미하기도 합니다. 세계 여행을 하면서 의식주가 충분하지 않은 사람들이 너무나도 많다는 것을 보게 되었습니다. 인간으로서 누려야 할 기본적인 권리가 허용되지 않은 사람들입니다. 흔히 어느 지역에선 배 터져 죽고, 다른 지역에선 배곯아 죽는다고 하지요. 어떤 메뉴를 먹을 것인가를 고민할 수 있는 풍요 속의 인류가 있는가 하면, 생존의 경계에서 뭐라도 먹어야 하는 상황과 사투하는 인류가 있습니다.

유엔세계식량계획은 매년 지구촌의 8,670만 명에게 식량을 배급하고 있습니다. 지구상 가장 빈곤한 사람들을 찾아 기아에서 건져내겠다는 목표인데, 사업 범위 안에 들어오지 못한 사람들까지 따지면 10억 명을 훌쩍 넘는 인구가 빈곤 상태에서 제 끼니를 때우지 못하는 상황입니다.

유엔은 식량 불안에 처해 있는 인구가 약 20억 명에 달하는 것으로 추산하고 있습니다. 생산되는 식량의 3분의 1은 어딘가에서 버려지고, 인류의 최소 7분의 1에서 4분의 1에 가까운 인구가 배고픈 상태로 잠이 드는 현실은 매우 비정하기까지 합니다.

음식이 부족해서가 아니라 효율적으로 나누지 못해서 생기는 일입니다.

네덜란드는 전 세계 국가 중 첨단 농업국가로 제일 앞서가는 나라입니다. 최근에 도입되고 있는 스마트팜도 네덜란드에서는 광범위하게 진행되고 있습니다. 유리온실을 통해 바깥 기온과는 상관없이 빛과 열을 조율할 수 있어 365일 생산이 가능합니다. 비싼 인건비를 줄이고 기계와 컴퓨터 작동으로 생산단가를 내릴 수 있는 장점이 있습니다. 이러한 스마트팜의 속성은 원가절감을 통한 생산 효율화입니다. 즉 수익증대라고 하는 기업의 목표를 차용하고 있는 것이죠.

그러나 그 배경엔 기후변화에 대비하여 90억 인류의 식량 문제를 해결한다는 원대한 꿈도 있습니다. 인류가 늘어나면 식량 생산량도 매우 중요한데, 기후변화로 인해 자연재해가 늘어 식량 생산의 감소가 미래 위기로 부상한 것입니다. 실제로 아프리카, 아시아, 중남미, 중앙아시아 등지는 홍수와 가뭄이 과거보다 빈번하게 발생하며, 피해 규모 역시 이들이 감당할 수준을 넘어서고 있습니다.

선택할 수 있는 방법은 그 안에서 빈곤으로 죽어가거나, 탈출을 감행하다 죽거나, 타국에서 이방인으로 차별 속에 살아가는 것입니다. 이러한 사람들을 **기후변화 난민**이라고 하죠.

이들의 상황은 이들 탓만이 아닙니다. 기후변화를 일으키는 원인은 인류 전체에 있지만 선진국의 책임이 큽니다. 그러나 그 피해는 주로 개발도상국에 집중되어 나타나고 있는 것이지요. 유엔세계식량계획과 영국 기상청은 '식량 불안정 및 기후변화 취약성 지도'를 개발하여 미래의 시나리오를 웹사이트에 공개하고 있습니다. 여기서도 극명하게 드러나는 곳이 아프리카와 중동, 아시아와 중남미이고 이들 지역이 전체 자연재해 지역의 90%를 차지합니다.

정리해보면, 음식물 쓰레기는 부패하기 때문에 상당수의 온실가스를 내뿜는 원인이 됩니다. 따라서 최대한 줄여야 합니다. 음식물 쓰레기를 없애기 위한 구조도 플라스틱 쓰레기와 똑같습니다. 생산과 소비, 뒤처리가 순환되는 체계

—— **식량 불안정 및 기후변화 취약성 지도, 2020년** © metoffice.gov.uk

가 이루어지도록 해야 합니다.

여기에 더해 먹을 음식이 없어 고통받고 있는 수보다 버려지는 음식이 더 많다는 것은 도덕적으로도 고민을 낳습니다. 물론 이 이야기 속엔 국가 간의 정치체제와 문화, 교육, 토지, 농업기술 등 수 많은 논의 주제들이 숨어 있지요. 이번 기회를 통해 이 문제가 나 하나의 개인, 내 나라만의 문제가 아니라 지구촌 공동체가 공동으로 대응하지 않으면 안 되는 문제라는 것을 인식하는 계기가 됐으면 합니다.

음식물 쓰레기는 나의 문제이며, 도시의 문제이며, 세계의 문제입니다. 그리고 식량 문제이며, 기후변화 문제이며 지구의 문제입니다. 나의 문제는 곧 인류의 문제입니다.

내가 당장 할 수 있는 일은 무엇일까요?

쓰레기를
태양으로 보내자고?

쓰레기 처리를 두고 갖가지 아이디어가 나오지만 그럴듯 하게 보이는 것 중 하나가 쓰레기를 로켓에 실어 태양으로 쏘자는 것입니다. 상상만으로도 그림이 정확히 그려집니다. 쓰레기 로켓이 태양에 가까이 도달하면 순식간에 녹아 없어질 것 같은 느낌입니다. 그러나 이 방법을 현실에 대입하면 얼마나 터무니없는 발상인지 알게 되죠.

일단은 발사 비용이 문제입니다. 현재 위성을 달아 쏘는 로켓은 일반적으로 한 번 쏘는 데 700억 원 정도가 소요되는 것으로 알려져 있습니다. 그러나 일론 머스크가 창업

한 스페이스X가 발사체를 재사용하는 기술을 개발하면서 가격이 절반 정도 낮아졌습니다. 경쟁사로 알려진 유럽의 아리안스페이스 역시 추진체의 엔진 추력을 더욱 높여 인공위성의 탑재 수를 늘리는 방식으로 가격을 줄이려 노력하고 있습니다. 다양한 회사들의 지속적인 경쟁으로 가격을 더 낮춰 우위를 점하기 위한 시도가 계속될 테지만, 현실적으로 형성된 절대가격이 너무 높습니다.

다음으로, 발사체에 실을 수 있는 양이 얼마 되지 않습니다. 2010년 나로호의 전체 무게는 140톤이었습니다. 2단 로켓발사체로 1단 로켓에 담긴 연료만 130톤이었고, 이마저 229초 만에 타버린 후 떼어냈습니다. 목표 궤도까지 도달하려면 불필요한 무게를 없애야 하기 때문입니다. 결국 나로호가 우주에 싣고 가려던 위성의 무게는 100kg에 불과했지요.

2021년에 발사할 예정인 한국형발사체(KLSV-II) 누리호는 이륙할 시점의 중량이 200톤에 이릅니다. 그러나 누리호가 싣고 가려는 위성은 1.5톤에 불과하죠. 연간 수십억 톤의 폐기물이 나오는 현실에서 쏴야 할 로켓의 수와 예산이 천문학적일 텐데 이 방법을 선택할 순 없을 겁니다. 결론적으로 태양으로 쓰레기를 보내는 것은 현재로선 가능하지 않은 이야기입니다.

말이 나왔으니 말인데요, 우주엔 쓰레기가 없을까요? 우주가 쓰레기로 뒤덮여 있다면 여러분은 믿으시겠어요?

첫 인공위성 발사 이후 60년 이상의 세월 동안 우주로 쏘아 올린 위성은 실패 횟수를 제외하고도 5,450회에 달합니다. 고장 난 위성이나 충돌로 인한 잔해물, 우주정거장

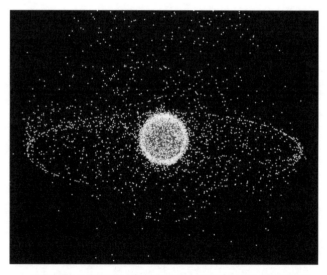

—— 반지 모양을 띤 지구 정지 궤도의 쓰레기들과 지구 근처를 덮고 있는 쓰레기들

에서 발생한 공구 등 우주 쓰레기의 무게만 8,400톤으로 추정되고 있습니다. 유엔에서는 이것들을 청소해야 한다는 공감대가 형성되어 있고, 중국은 2016년 로봇팔로 위성을 제거하는 아오롱 1호를 발사한 바 있습니다. 문제는 위성 하나를 청소하기 위해 위성 하나를 쏘아야 한다는 것이지요.

막대한 지구의 쓰레기에 우주의 쓰레기까지.
우리 인류가 가려고 하는 곳은 어디일까요?
우리는 과연 행복해지는 것일까요?

동물은 죽으면
쓰레기장으로 간다

히틀러. 2차 세계대전을 일으켜 수천만 명의 희생자를 만든 독일의 수상. 아이러니하게도 그는 세계 최초로 동물의 권리를 보장하는 기본법을 만든 장본인이기도 합니다.

"독일 시민들은 히틀러를 싫어하지만, 동물들은 히틀러를 사랑합니다."
독일에서 들은 이야기 중 가장 놀라운 이야기가 바로 이것입니다. 이런 배경에서 독일은 동물권을 세계 최초로 명시한 동물보호법을 갖게 되었습니다. 동물 학대와 동물 소외도 처벌 대상이고, 동물을 사고파는 거래행위는 철저히

제한됩니다. 물론 이따금 동물과의 갈등이 없는 것은 아닙니다다만 큰 틀에서는 공존을 향해 움직이고 있습니다. 동물과의 공존은 최근 화두가 되어가고 있죠. 도시화로 핵가족화되면서 1인 가구가 증가하고 고령화 등으로 소외현상이 발생하자 사람들은 동물을 친구로 들이기 시작했고, 많은 나라에서 동물이 가족을 대체하는 흐름이 나타나고 있으니까요.

동시에 문제도 있습니다. 귀찮거나 병에 걸려 치료비가 많이 나올 때 동물을 길거리에 유기하는 행위가 별다른 의식 없이 벌어지고 있습니다. 멕시코엔 2,200만 마리의 길개와 고양이가 있는 것으로 추산됩니다. 칠레에 300만 마리, 중국에 4,000만 마리 등 그 수도 어마어마합니다.

한국은 연간 10만 마리의 유기견이 나오는 것으로 보고되고 있습니다. 여전히 동물을 사고파는 거래가 존재하고, 추적의 사각지대에서 유기가 일어납니다. 더 큰 문제는 이렇게 유기된 동물들 상당수가 로드킬로 생을 마감한다는 것입니다. 로드킬은 서울에서만 매월 약 2,000건이 발생하며, 연간 2만 건이 넘습니다. 동물은 현행법상 폐기물에 해당하므로 처리 역시 문제가 될 수밖에 없지요. 동물화장

—— 유기동물보호센터 티어하임. 동물 호텔보다 더 좋은 시설을 자랑한다, 독일 베를린

장은 쉽사리 만들어질 수 없는 혐오시설이고, 인식상 사람 화장장에 동물을 함께 처리할 수도 없습니다. 결국 쓰레기 봉투에 싸여 소각장으로 가게 되는 것이죠.

지자체들은 로드킬 당한 동물 사체 건수가 늘자 신고된 동물 사체를 전담하여 치우는 외부용역을 진행하기 시작했습니다. 문제는 동물 사체 처리와 관련해 마련되어 있는 법을 준수할 수 없다는 데 있습니다. 동물 사체가 모두 유기된 동물일 거라 생각해선 안 됩니다. 주인이 순간적으로 잃어버렸을 수도 있어서 사체를 수거했다고 하더라도 일정 기간은 냉동고에 보관해야 할 의무가 있습니다. 주인이 수소문 끝에 사체를 찾으러 올 수도 있으니까요. 마련된 냉동고 시설은 몇 마리밖에 수용할 수 없고, 결국 방치하다가 소각장으로 보내는 현실입니다.

최근 4년 동안 누적된 서울시의 데이터에 따르면, 2019년 동물 사체 처리 건수는 1만 마리를 훌쩍 넘겼을 겁니다. 향후 반려동물이 많아지고 독일처럼 동물등록제, 입양과 파양, 사체 처리 등에서 관리와 제도가 성숙해지지 않으면 쓰레기장으로 향하는 동물들의 문제는 더욱 불거질 것입니다.

2016년	2017년	2018년	2019년(~9월)
7438건	8788건	9233건	7380건

김태수 의원실(서울시의회 환경수자원위원회 위원장)

—— **서울시 동물 사체 처리현황**

자연과의 공존을 모색하는 환경부가 존재하는 것처럼, 이제는 동물과의 공존을 지구적 관점에서 모색하는 동물청이 필요하지 않을까요?

CHAPTER 7

쓰레기
재앙이
온다

수많은 데이터가

인류의 파국을 가리키고 있는 상황에서,

기후변화를 근본적으로 해결하기 위해

'천천히 하나하나씩 바꿔나가자'고 하는 것은

너무 나태한 상황인식입니다.

지금 당장 개입하고 변화를 시작해야 합니다.

스티븐 호킹의
마지막 메시지

2018년 3월, 아인슈타인 이후 세계적 명성을 얻은 양자물리학의 대부 스티븐 호킹 박사가 세상을 떠났습니다. 그가 남긴 말들은 두고두고 회자되고 있는데, 의미심장한 말이 있습니다. 세상은 인공지능과 기후 온난화로 멸망할 것이며, 결국 지구를 떠나서 살 곳을 마련해야 한다는 것이었죠. 세계적 권위를 가진 박사가 황당무계한 말을 실수로 한 것일까요?

호킹 박사는 우주 탐사가 필요하다는 주장과 함께 인간이 지구를 떠나야 한다고 확신했고, 지구에 계속 머무른다면

소멸될 위기에 처할 것이라 했습니다. 그의 마지막 책《호
킹의 빅퀘스천에 대한 간결한 대답》에는 다음과 같은 구
절이 있습니다.

 "이 세계가 중대한 환경 위기를
목전에 두고 있는 지금 이 순간
에도, 정치인들 중 다수는 인간
이 초래한 기후변화의 현실을
부정하거나 그것을 되돌릴 수
있는 우리의 능력을 부인하고 있다. (…) 필요한 것
은 오직 정치적 의지이다."

호킹 박사는 우리가 스스로를 통제하지 못하는 것을 우려
하고 있습니다. 제가 이 책을 가로지르며 한 이야기도 결
국 명암과 제로섬에 관한 것이었지요. 핵개발 과정에서
이룬 과학적 성과는 분명 인류의 자랑이고 매우 큰 업적
가운데 하나일 것입니다. 그러나 그것이 잘못 사용되는 순
간, 정반대의 평가로 전락하게 될 것입니다. 핵의 양면이
존재하는 대목입니다.

지구온난화도 마찬가지입니다. 우리는 온난화를 감수하

며 성장을 거듭했고 일정 부분 풍요를 이루었습니다. 그러나 여전히 지구촌을 이끌어가는 정치인들의 논의는 '성장이냐 분배냐'의 이분법적 싸움에서 벗어나지 못하고 있습니다. 많은 경우 이 논의 구조는 역사에서의 지배와 피지배의 경험으로 이념 투쟁화되어 있기도 합니다. 사실상 정치의 실패가 지구의 위험을 막을 기회를 방해하고 있는 셈입니다.

우리는 개입해야 합니다. 지금의 구조로 계속 가면 안 된다는 위험징후들이 계속 나타나고 있기 때문입니다. 그리고 시간이 별로 남지 않은 상황이기도 합니다. 지구의 위기를 조명하는 영화와 책도 많이 나왔지만 너무 늦은 대처는 상황을 바꿀 수 없습니다. 어쩌면 대응 시점을 이미 놓친 건 아닌가 하는 걱정도 됩니다.

수많은 사실에 근거한 데이터들이 인류의 파국을 가리키고 있는 상황에서, 기후변화를 근본적으로 해결하기 위해 '천천히 하나하나씩 바꿔나가자'고 하는 것은 너무 나태한 상황인식입니다. 이미 늦었을지도 모르지만, 우리가 맞고 있는 현재의 여러 신호들을 인식하고 지금 당장 변화를 시작해야 합니다.

우리의 욕망과
싸워야 하는 이유

2019년 5월, 호주 국립기후복원센터 연구팀은 기후변화에 따른 시나리오를 담은 정책보고서를 내놓았습니다. 향후 30년 뒤에 일어날 미래 시나리오를 통해 실존적인 기후 관련 안보위기를 살펴보려는 목적이었죠. 보고서는 기후 위기가 초래하는 실제적인 변화를 설명하면서 파국을 막으려면 지금부터 당장 강력하게 대응할 것을 주문하고 있습니다.

예컨대 호주의 젊은 여성들이 아기를 갖지 않기로 결심하고, 기후학자들이 느끼는 위험은 뒤로한 채 자기 가족들을 더 안전한 장소로 옮기려고 사고하는 것은 절망감의 한 형태이자 그 서막의 일부라고 말합니다. 추후 기후 위기의 여파는 핵전쟁에 버금갈 만한 일로 규정될 수밖에 없고, 결국 국가안보의 위기로 비화될 것이라고 경고하는 거죠.

특히 기후 난민이 될 것으로 예측되는, 열대지대에 사는 10억 명 이상의 사람들이 난민으로 내몰리게 되면 그 여파는 상상하기 어려운 지구촌의 파국이 될 것이라 예상합니다.

호주뿐 아니라 많은 과학자가 기후변화에 따른 지구의 위

—— **기후변화에 대응하는 시위, 호주 시드니 2019** ⓒ Marcus Coblyn

기는 인간의 활동으로 만들어진 것이라는 데 동의하고 있습니다. 일반 시민들의 의식은 아직 낮은 수준에 머무르는 것이 현실입니다. 이 위기가 일반인들 눈에 보이지 않고 와 닿지 않는 변화이기 때문이겠지요. 수치와 사실에서 근거를 찾는 과학자들은 부정할 수 없는 사실을 호소하고 있는 것입니다. 평범한 사람들이 위기의식을 함께 느끼고 실제적인 변화를 만들어가려면 대체 어떻게 해야 할까요?

지금 도시민들이 배출하는 쓰레기의 흐름을 앞으로 10년 동안 이어간다고 하면, 2019년 전국 240여 개의 쓰레기산은 2030년에 500개로 불어날 수도 있습니다. 그리고 그 생산과 소비, 최종 단계마다 탄소 발생은 지금보다 더 높아질 것이고, 지구의 온도 상승도 피할 수 없게 됩니다.

과학자들의 말에 따르면, 2만 년 전 빙하기부터 1만 년 전 간빙기까지 약 1만 년 동안 지구의 온도는 약 4도가 상승했습니다. 그런데 산업혁명이 일어난 이후 최근 100년 동안 무려 1도가 상승한 것이죠. 속도로 따지면 무려 25배나 빠른 속도지요.

100년 전 인류는 효율적인 산업, 편리한 생활, 풍요로운

—— 도시에서 배출하는 쓰레기들, 미국 뉴욕

삶을 위해 땅속에 있던 화석연료를 꺼내 쓰기 시작했습니다. 물건을 보다 효율적으로 만들고 더 많이 팔면 풍요와 편리함과 효율이 따라왔습니다. 더우면 에어컨을 켜고 추우면 불을 때야 하는 인류는, 이제 에너지 없이는 살 수 없게 되었습니다.

이러한 에너지를 위해 화석연료가 탄생했고, 이와 함께 깨어져 나온 것이 바로 이산화탄소(CO_2)입니다. 탄소가 문제 되는 이유는, 지구의 대기를 둘러싸 지구 밖으로 빠져나가야 할 태양에너지를 지구에 가두기 때문입니다. 지구를 온실로 만든다는 것이 바로 이것이죠. 탄소 배출량이 늘어나면 지구의 기온이 더 오를 수밖에 없고, 그렇게 되면 더운 곳은 더 더워지고 추운 곳의 얼음은 녹게 되죠. 북극·남극의 빙하가 녹아 떨어져 나오는 현상도 여기에서 기인하는 것입니다. 하얀 빙하는 태양에너지를 반사하는 역할을 하는데, 떨어져 나가면 어두운 바다가 드러나고, 어두운 바다는 태양 빛을 반사하지 못하고 그대로 흡수해버려 온난화가 가속되는 원리입니다.

빙하가 녹아 바닷물의 양이 많아지면 해수면이 상승하게 되겠죠. 해안가를 중심으로 형성된 도시들의 상당수가 침수되어 수천만 명의 난민이 생길 수 있고, 막대한 예산을 투입해 만들어놓은 해안가의 항만, 공항 등 설비들은 무용지물이 될 것입니다. 무엇보다 탄소 배출을 많이 했던 나라들보다 개발도상국에 피해가 더 크게 미치게 되는 윤리적 문제까지 발생합니다.

2018년 인천 송도에서 총회를 연 IPCC는 기상학자, 해양학자, 빙하전문가, 경제학자 등 3,000여 명의 전문가로 구성되어 기후변화에 관련된 과학·기술적 사실에 대한 평가를 제공하는 기구입니다. 당시 회의에서는 2015년 파리

기후협약에서 정했던 기준선을 2도에서 1.5도로 낮추는
수정안을 채택했습니다.

앞으로 우리는 10년 안에 온실가스 배출량을 반으로 줄여
야 합니다. 2050년엔 온실가스가 배출되지 않는 넷제로
상태를 만들어야 합니다. 이러한 급박함에 유럽이나 미국,
심지어는 중국에서도 생태문명을 이야기하는 등 전환이
시작됐지만, 여전히 온실가스를 대량으로 배출하고 있는
한국에서는 큰일로 여기지 않는 분위기입니다. 유감스럽
지만 한국 역시 기후 위기의 피해에서 자유롭지 않습니다.

기후 위기의 또 다른 형태는, 바람을 통해 지구의 열을 분
산시키고 조절하는 기능이 고장 난 것입니다. 제트기류는
날씨를 순환하게 만드는 중요한 역할을 수행하는데, 북부
의 찬 공기와 중위도 지역의 더운 공기가 만나는 지점에
서 형성됩니다. 한국이 바로 이 영향권 안에 있습니다. 물
결 모양으로 순환되는 제트기류가 느려지거나 원활하지
못하면 미세먼지도 정체될 수 있고 폭염, 폭설 등이 예고
없이 발생하게 됩니다.

탄소 발생을 증가시키는 화석연료를 계속 꺼내 쓴다는 건

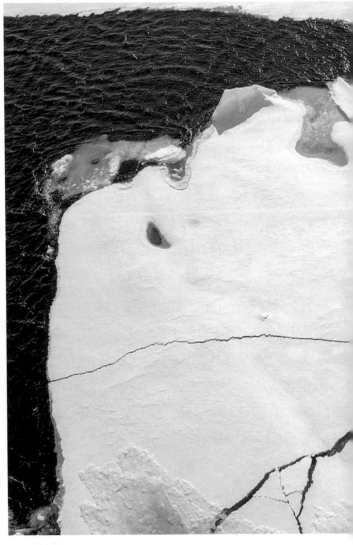

—— **녹아서 떨어져 나온 북극 빙하** © Christopher Michel

지구의 순환체계를 망가뜨리고 인간이 살 수 있는 쾌적한 환경을 스스로 깨뜨리는 것이라고 봐야지요. 그 결과로 점차 인간이 살아갈 수 없는 땅들이 생겨나고 있고요.

현재 기후 난민은 세계적으로 이미 전쟁 난민의 수를 넘어섰습니다. 2018년 국내난민감시센터(IDMC)에서 발표한 2,800만의 난민 중 기후 난민은 61%에 달하는 1,720만 명입니다. 우리가 과거와 현재에 영토, 자원 등 눈에 보이는 것을 차지하기 위한 전쟁을 했다면, 머지않은 미래에는 물이나 공기는 물론 눈으로 볼 수 없는 것을 상대로 싸워야 할 것입니다.

우리는 성장중심, 소비중심 경제와도 싸워야 하고 화석에너지원과도 싸워야 합니다. 그래서 탄소와 메탄 등 지구온난화를 발생시키지 않는 산업시스템을 마련하고, 생태환경 중심의 에너지 체계로 바꿔내야 합니다. 이 싸움은 궁극적으로는 인간의 욕망과의 싸움이 될 수밖에 없습니다. 모순덩어리로 된 구조와의 싸움.

우리는 이 싸움에서 승리할 수 있을까요? 아니, 우리는 싸우기를 선택하고 이에 맞설 의지를 가질 수 있을까요?

공동체,
조금씩 서로 기댄다는 것

공동체의 약화라는 말이 의미하는 것은 무엇일까요? 반대로 공동체의 강화는 무엇을 의미할까요? 곱씹어볼수록 참 어려운 말입니다.

공동체란 그 정의부터 매우 어렵습니다. 인간은 누구나 개인으로 태어납니다. 부모님 사랑의 결과로 세상에 나온 것이지 나의 선택에 의한 것은 아니죠. 때문에 첫 공동체는 두말할 것 없이 가족입니다. 가족은 공동생활을 영위하며 생존에 필요한 일들을 해나갑니다. 도시의 등장은 가족공동체의 해체를 가속화했습니다. 대가족에서 핵가족으로의 변화는 근현대사에서 매우 중요한 변화였죠. 그런데 최근에는 핵가족조차도 1인 가구라는 용어로 대변되는 개인 가족으로 쪼개졌는가 하면, 가족공동체의 개념도 혈연이 아닌 타인들과의 공동 주거 등으로 재구성되고 있습니다.

이러한 최저단위 공동체는 개별로 모인 공동체인 마을을 만들고, 마을 공동체는 다시 도시로 넓어집니다. 도시 공동체는 다시 국가를 이루고, 국가 공동체는 지구촌 공동체를 이루는 것이죠. 지구를 벗어난 개념은 아직 현실화되지 않았습니다. 우주 생명체가 존재할 가능성은 주장되지만 실제로 확인된 바는 없습니다. 그래서 현존하는 공동체의 최대는 지구이고, 지구 안에서 벌어지는 일들은 서로 영향을 주고받을 수밖에 없는 구조입니다. 약화되는 공동체라 함은 지구 전체의 일이기도 하지만, 이미 우리의 가족관계와 마을, 도시 등에서도 매우 빠르게 나타나는 현상이죠.

공동체의 구성원으로 살아가려면 일정 부분 제약을 인정하고 감내해야 합니다. 나의 자유가 타인의 자유와 부딪치는 지점에서 멈추는 타협이 이뤄질 수밖에 없지요. 사실 이런 개념을 인류가 받아 안아 노력해온 지는 수십 년이채 되지 않았습니다. 두 번의 큰 전쟁 끝에 겨우 유엔이라는 국제기구를 만들게 되었고, 서로의 욕망을 조금씩 제어하며 공동체의 지속가능성을 향해 가고자 노력하고 있으니까요.

하지만 지구 공동체의 전망은 밝아 보이지 않습니다. 개인에서 시작해 지구 전체의 문제를 돌보는 것은 지구촌 시민의 의무지만, 세대 간의 경험이 다르고 가정환경과 교육환경, 국가 공동체가 처한 환경에 따라 느끼는 문제의식이 다르기 때문입니다.

저는 지구촌 유랑을 시작하기 전에 어머니로부터 임명장을 받고 출발했습니다. 그 누구에게 받은 임명장보다 권위와

임 명 장

성 명 : 이 동 학
생년월일 : 1982.03.12

내 아들은 평소 공동체의 지속가능성을 고민하고, 어려운 이들과 공존하려는 마음을 가지고 있는바, UN사무총장의 마음으로 지구를 한 바퀴 돌면서, 더 넓은 세상으로의 견문을 넓히고, 인류가 직면하고 있는 문제들을 직접 확인하여, 해결책을 모색해보길 바라는 마음에 지구촌장에 임명함.

2017년 8월 22일

엄 마 정 민 회

무게감이 실린 임명장입니다. 유엔사무총장이 될 순 없지만, 그 마음가짐으로 지구촌을 돌면서 훨씬 더 값진 공부와 고민의 시간을 보낼 수 있었습니다.

세계여행을 할 예산도 충분치 않았습니다. 아니, 터무니없었지요. 떠나기 위해 필요했던 것은 용기, 호기심, 지구인들에 대한 믿음이었고, 배낭을 메고 무작정 유랑을 시작했습니다. 여행 도중 십시일반 도움을 준 지구인들이 있었기에 가능했습니다. 신세를 지는 것에 대한 부담과 이 은혜를 모두 어떻게 갚아야 할까 하는 감사함이 넘쳤습니다. 그럴수록 더욱 또렷이 더 나은 세상을 향한 고민과 행동으로 보답해야겠다는 꿈이 강해졌지요.

조금씩 기대는 것. 서로 신세 지는 것. 내 것을 좀 내어주는 것. 우리 지구 공동체도 이 바탕 위에 서 있을 때 협력의 힘이 생길 것입니다.

그 누구도 주변의 도움을 받지 않고는 자립과 독립의 길을 걸을 수 없습니다. 각자가 갈 길을 간다고 하면 결국 우리가 마주하게 될 모습은 자기 것만을 지키려는 이기주의가 될 수밖에 없습니다. 이기주의가 심화되면 공동체의 질서는 유지될 수 없습니다.

미국 트럼프 대통령은 기후 위기설을 기존 질서를 무너뜨리려는 이들의 주장으로 폄훼하며 파리에서 약속했던 기후변화협약을 탈퇴하겠다고 했습니다. 전 세계에서 가장 많이 온실가스를 내뿜는 나라가 미국인데, 기존의 질서를 고수하며 세계 패권국의 지위를 그대로 유지하겠다는 심산입니다. 많은 국가에서 트럼프의 자국 우선주의에 따른 결정을 비판했지만, 임기 내에 기조가 변화할 것으로 보이진 않습니다.

지구의 자원은 무한대로 존재하지 않습니다. 유한하기 때문에 필연적으로 끝이 있습니다. 그래서 패권 국가들은 지구의 자원을 더 발견하고 자국의 소유로 만들기 위해 식민지 개척과 전쟁을 불사했던 것이죠. 현재 전쟁의 형태는 아니지만 경제력과 외교력, 군사력을 통해 한정된 자원을 더 차지하려는 이해관계는 여전히 진행 중입니다. 현대사회에서 가장 중요하게 여기는 **에너지원과 식량**이 그중 핵심요소입니다. 국제사회가 이를 적절히 관리하지 못하면 언젠가 전쟁으로 이어질 가능성도 내포하고 있습니다. 전쟁 위협과 평화 정착은 한 끗 차이에 불과합니다.

지구를 사용하는 것이 현존하는 인류만의 권리라고 생각해선 안 됩니다. 우리의 필요로 지구 안에 있는 자원들을 모두 뽑아 쓰거나 자연을 황폐화하는 일 역시 세대 이기주의의 모습이겠죠. 독일은 이러한 세대 갈등을 미연에 방지하기 위해 '세대간 형평위원회'를 운영하고 있고, 핀란드도 비슷한 성격의 '미래위원회'를 운영하고 있습니다.

유엔 역시 2015년에 지속가능 발전목표를 정하고 2030년까지 달성하기로 결의했습니다. 슬로건은 **단 한 사람도 소외되지 않을 것**이지요. 인간, 지구, 번영, 평화, 파트너십이라는 방향성과 17가지 목표를 설정해두고 있습니다.

© ncsd.go.kr

지금이라도
당장 해야 할 노력들

사실 플라스틱과 관련하여 해결책은 이미 많이 쏟아져 나왔습니다. 무엇보다 실행이 중요한 것이죠.

한국 정부는 이 문제를 두고 여전히 고심이 많을 것입니다. 국민들의 소비 위에 지탱하고 있는 한국경제가 내수 부문에서 더 취약해진다는 근본적인 고민부터, 정치적으로는 경제성장률이 낮아지고 실업률이 올라갈지도 모른다는 현실적인 고민까지 말입니다. 그 결과 국민에게 지지받지 못할 수도 있다는 걱정도 들 것입니다. 그럼에도 우리는 산업확장과 경제성장이라는 지금까지의 목표와 근본적인 행복, 자연과의 공존, 지속가능한 미래를 담보하는 것 사이에서 방법을 찾아내야 합니다.

2019년 11월, 정부는 일회용 플라스틱을 줄이기 위한 몇 가지 방안을 내놓았습니다. 2030년까지 상업 목적의 일회용 비닐봉지 사용을 금지하고, 배달음식과 택배 등 일회용품 사용에 제약을 가하는 것입니다. 또 2022년까지 일회용품 사용량을 35% 이상 줄이는 것인데, 세계적 움직임에 발맞추는 조치이지만 긴박함은 별로 느껴지지 않습니다. 그도 그럴 것이 시민들이 조금씩은 불편함을 감수하는 것과 연관되어 있기 때문입니다. 정부가 일회용품을 단계적으로 우리 삶 속에서 없애기 위한 방안을 내놓고, 시민은 시민대로 실행 방법을 찾아야 합니다.

최근 화두가 되는 공유경제, 렌트경제, 구독경제는 과거 아나바다(아껴쓰고, 나눠쓰고, 바꿔쓰고, 다시쓰자)의 현대판입니다. 우리 주변을 쓰레기로 만들지 않으려면 반드시 가야 하는 길이기도 합니다.

다른 도시들의 사례에서도 봤지만, 쓰레기 문제를 해결하는 근본적인 방법은 재사용과 재활용률을 아주 높이 끌어

올리는 것입니다. 사용할 수 있는 것은 버리지 않고 다시
사용할 수 있도록 체계를 만드는 것입니다. 덴마크처럼 기
부와 나눔으로 연결되는 지역별 거점 네트워크가 있으면
좋겠지요. 핀란드에서는 쓸모없어졌지만 버리기 아까운
물건들을 모아두었다가 내다 파는 플리마켓이 자주 열립
니다. 그만큼 물건을 나누고 바꿔 쓰는 시민문화가 잘 형
성되어 있습니다.

최근 한국에서도 '당근마켓'이라는 지역 거점형 중고거
래 앱이 인기를 끌고 있습니다. 이 앱은 무료 나눔도 가능

—— **플리마켓, 핀란드 헬싱키** ⓒJanne Hellsten

하게 하는 등 사회적기업의 성격으로 쓰레기 누적 문제를
풀고 있기도 합니다.

재활용은 좋은 품질의 원재료가 있어야 가능합니다. 페트
병만 해도 몸체와 뚜껑, 상표비닐이 모두 다른 재질로 되
어 있어서 올바르게 분리하려면 세 가지를 따로 분류해야
합니다. 애초에 같은 재질로 만들면 따로 분리할 필요 없
이 좋은 재료가 되는 것이죠. 특히 페트병은 투명한 색으
로 통일하도록 하여 원재료의 품질을 높이는 것이 중요합
니다. 대만과 일본에서는 음료를 담은 페트병이 대부분 투
명한 색으로 통일된 것을 볼 수 있습니다. 이 나라들의 실
질 재활용률이 높은 이유이기도 하지요.

이런 시도가 이어진다고 해도 플라스틱 생산량은 해마다
늘고 있고, 쓰레기의 양도 비례로 상승하고 있습니다. 그
래서 소각장 추가 건립이 불가피합니다. 한국을 포함하여
제가 만난 여러 나라의 소각장 관계자들은 현재의 기술력
으로는 기준치보다 훨씬 낮은 유해물질을 배출하고 있어
서 사실상 문제가 없는 수준이라고 했습니다.

다만 시민들의 불안감을 바탕으로 혐오 인식이 현실적으

로 존재하므로, 대대적인 공론화 과정을 통해 해소하는 것
이 매우 중요해 보입니다. 우리 지역의 쓰레기를 다른 지
역으로 보내지 않는다는 원칙을 세우는 과정으로 만들어
야 하는 것도 과제이고요. 또 소각장 운영의 투명성을 담
보할 방법과 소각장에서 나오는 에너지를 시민들이 향유
할 수 있도록 하는 조치가 뒷받침되어야 할 것입니다.

앞으로 발생할 쓰레기 처리 비용을 선제적으로 투입하는
결단이 있다면 미래세대의 환경을 지킬 수 있고, 나아가
이러한 공간을 시민 환경교육의 장으로 활용한다면 두 마
리 토끼를 잡을 수 있을 것입니다.

—— 재활용이 쉬운 알루미늄 캔과 투명한 페트병. 라벨도 손으로 떼기 쉽다, 일본

상상하라,
무너져도 다시 쌓으려면

이제 결론을 내릴 때입니다. 하지만 저는 별다른 결론을 밝히지 않을 작정입니다. 이 책을 읽으면서 쓰레기의 심각성을, 단순히 우리만의 문제가 아니라는 사실을 인지했으면 좋겠다는 기대뿐입니다.

제가 방문한 모든 곳의 사례를 다 소개하지는 못했지만, 여러 도시의 사례를 보고 영감과 자극을 얻었다면 그것으로 저의 1단계 임무는 성공입니다. 2단계부터는 '실행'이기 때문에 앞으로도 계속 우리 주변이 어떠한 형태로 구성되고 돌아가는지 이해하는 것이 필요합니다. 그 가운데

내가 할 일을 찾아보는 습관을 들인다면, 우리는 단순히 오는 미래를 맞아들이는 것이 아니라 능동적으로 개척할 수도 있다고 생각합니다.

쓰레기와 관련하여 이런 상상도 해보았습니다.

재활용이 가능한 플라스틱을 학교에 버리도록 하는 체계를 가져보면 어떨까? 집에서 나온 재활용 쓰레기들의 상품성이 훨씬 더 잘 보존된 채로 재활용 선별장으로 갈 수 있지 않을까? 이 과정에서 쓰레기 분리수거가 체화되진 않을까? 그렇다면 그 유인책은 어떻게 만들어야 할까? 학교로 모은 쓰레기로 새로운 부가가치를 창출하는 기업을 연결해 학교 아이들의 이름으로 상품을 만든다면 유인책이 될까? 학교 간 플라스틱 재활용 재료 모으기 올림픽을 분기마다 해본다면 어떨까? 당장 학교엔 전교생이 참여할 만한 쓰레기 터미널이 조성되어야 할 것이고, 그것을 관리하는 학생, 교사, 학부모 조직도 만들어야 하지 않을까?

아이들이 없는 가정은 어떻게 하지? 요새는 1인 가구도 많은데. 아파트와 주택 등에 쓰레기를 버리는 공간이 조성되어 있는데, 실제로는 어떻게 분리해야 하는지 정확히 몰라서 재활용률이 낮은 것 아닌가? 그렇다면 재활용이 정확하게 가능하도록 하는 방법은 뭘까? 고령화 시대에 환경을 지키는 환경보안관으로 어르신들과 함께 프로젝트를 해볼까? 어르신들이 동네의 분리수거 공간에 교대로 상주하며 분리수거를 돕고, 수익이 올라가면 그 수익을 일정 부분 나누면 공공근로로 들어가는 국가 예산에도 일부 추가적인 기여를 할 수 있지 않을까? 처리에 들어가는 비용을 절감하는 건 덤이고 말이야. 쓰레기를 버리는 곳이 꼭 전봇대 근처의 후미진 곳이 아니었으면 좋겠어. 카페처럼 생기지 말란 법은 없잖아?

인천시장님에게 제안해서 영종도를 'NO 플라스틱 섬'으로 선언하게 하면 어떨까. 인천공항은 대한민국의 관문인데, 대한민국 관문에선 일회용 플라스틱을 사용하지 않는다는 선언. 공항 내의 모든 카페와 편의점에서 판매하는 커피는 일회용이 아닌 예쁜 디자인의 다회용 컵을 사용하고 커피값은 천 원 더 받는 거로. 다 마시고 나면 공항 내에 있는 어느 상점에든 반납이 가능하고 그 천 원을 다시 돌려주거나 쿠폰으로 내어주는 건?

공항에서 청소업을 하는 한 아주머니는 자기 구역에서만

일회용 쓰레기가 담긴 거대한 봉투가 10개 이상이 나오고 구역 특성상 적은 양이라고 하는데, 이걸 확 줄일 수 있지 않을까? 전 세계 도시들이 친환경이 아니라 필환경이라고 말할 만큼 필수가 되었는데, 인천공항과 영종도가 그런 선언을 하고 체계를 만들기 위해 실무행정과 시민역량이 동원된다면? 재밌겠는데?

또 하나 생각해본다면 음, 장례식장을 3일 이용하는 동안 사용하는 일회용 쓰레기가 얼마나 될까? 향후 고령화 시대의 급진전으로 장례식장에서 배출하는 쓰레기는 더욱 더 많아질 텐데, 이거 다 어떻게 처리하지? 어딘가로 사라져서 또 쓰레기산으로 드러나는 건 아닐까? 해결할 방법이 없을까? 가볍고 실용적인 플라스틱 그릇을 빌려주면 어떨까. 설거지 시설이 없을 테니 수백 개의 접시와 컵을 한꺼번에 빌려주고 삼일장이 끝나면 수거통에 담겨 있는 것을 가져만 오면 되는 시스템. 이름하여 공유설거지.

그런데 수지타산은 맞을까? 전국의 장례식장이 몇 갠지 모르겠지만, 한 지역에서 사례를 만들면 지속가능한 비즈니스모델이 나올 거 같은데? 설거지에 필요한 공정을 기계화하고 에너지를 효율화하면 일회용 쓰레기를 처리하는 데 들어가는 비용을 상쇄할 수 있지 않을까?

흠, 그래도 플라스틱 쓰레기는 늘어갈 텐데, 잘 모은 플라
스틱들을 섞어서 녹여 거대한 레고블록을 만들면 어떨까?
자연에 피해를 주는 게 아니라, 인간과 자연에 도움을 주
는 플라스틱 건물을 만들 수 있지 않을까? 시골 정자도 플
라스틱 벽돌을 응용해 만들고, 조립과 분리가 쉽게 가능하
니 무궁무진한 공간을 조성해볼 수 있을 것 같은데? 플라
스틱 마을을 만들고, 그 마을에 지속가능한 에너지원인 태
양광과 풍력을 사용하고, 자동차는 소유하지 않고 공유하
면 세계의 표본이 될 수 있을까? 지구인들이 '한국의 플라
스틱 마을'을 구경하겠다고 와서 배워가진 않을까? 이 사
례가 집이 없는 아시아와 아프리카의 빈곤층에겐 또 다른
기회가 되지 않을까?

제 머릿속의 상상들을 모두 적을 순 없겠지요. 해결책을
상상해보고 어떤 반대에 부닥치게 될지, 어떤 문제를 맞게
될지 끊임없이 찾아보고 물어보고 연구해보는 과정이었
습니다. 쓰레기 문제에도, 기후변화 문제에도, 에너지 문
제에도 문외한이었던 제가 지구를 한 바퀴 돌며 공부하고
파악한 내용인지라 어쩌면 부실하다고 여길 수도 있겠습

니다. 그러나 저는 이 과정이 매우 재미있었고 가슴 뛰는 시간이었습니다. 배움의 시간을 누릴 수 있었습니다.

분명한 것은 어두운 전망 속에서도 문제의식을 친구나 이웃들, 가족들과 나누고 해결책을 찾아간다면 희망은 꼭 있으리라는 것입니다. 그리고 주변에 신세를 지거나 누군가가 내게 신세 지려 할 때 꼭 도움을 주라는 것. 이 몇 가지 명제만 기억하고 산다면 우린 분명 좋은 공동체를 만들어갈 수 있다고 확신합니다.

그리고 상상합시다. 시도합시다. 부서지고 실패합시다. 넘어집시다. 다시 일어납시다. 무너져도 다시 쌓읍시다. 멈추지 맙시다. 다시 시작합시다. 인류의 삶은 본래 어리석은 과정의 반복입니다. 역설적으로 이것이 세상을 바꾸는 힘이라고 믿습니다. 삶의 같은 시간을 누리는 동료로서 서로를 존중합시다. 선이 이긴다는 목표를 향해 나아가고 믿어봅시다. 포기하지 맙시다. 더 많은 지구인들이 이 길에 함께 서는 그 날이 꼭 올 것입니다.

지금의 선택이
미래를 바꿀 거야

저는 환경에 관한 한 문외한이었습니다. 여느 사람들처럼 먹고 난 과자봉지를 쓰레기통에 버렸고, 버려진 박스가 폐지 줍는 어르신들에게 많이 돌아가 소득이 높아졌으면 좋겠다고 생각하는 정도였지요. 내 눈앞에서 사라진 쓰레기는 어디선가 잘 처리될 것이란 믿음. 그걸 걱정하지 않아도 되는 것은 선진국 대한민국에서 살아가는 시민이 응당 누려야 할 권리 같은 거라고 생각했습니다. 그렇습니다. 대한민국은 선진국이고, 이것은 부정하기 어렵습니다.

저는 지구를 한 바퀴 돌면서 지구촌 청소년들과 청년들의 K-POP 사랑을 몸소 느꼈고, 지구에서도 매우 작은 나라의 언어를 배우기 위해 열정을 보이는 모습을 두 눈으로 보았습니다. 아프리카에선 새마을운동 로고가 박힌 티셔츠를 입고 다니며 부국이 된 코리아의 경제 기적을 쫓으려는 모습도 봤지요. 프랑스와 스페인에서, 독일과 우크라이나, 러시아와 중앙아시아의 나라들, 브라질과 칠레, 페루에서 북아메리카에 이르기까지 한류는 노래와 춤으로, 드라마로, 영화와 태권도로, 음식과 언어로 지구촌 전체에 매력을 뿜어대고 있었습니다.

선진국이라고 하는 나라들과 어깨를 나란히 두고 걸어가는 한국의 모습은 자부심을 가져도 될 만큼 충분합니다. 우리는 해냈고, 해내고 있으며, 앞으로도 해낼 것입니다. 그것이 무슨 난관이든 말이죠.

그러나 이러한 확신에 균열이 온 건 여행을 떠난 지 얼마 지나지 않아서였습니다. 한국과는 다르게 다른 나라에서 쓰레기를 버리는 풍경이 이상하게 느껴질 정도였습니다. 특히 선진국이라는 나라들 역시 하나의 쓰레기통에 음식물과 생활쓰레기를 마구잡이로 집어넣는 모습을 보면서 그랬죠. 처음엔 '선진국이라서 저렇게 버려도 처리가 가능한가 보다' 정도로 지나쳤습니다.

한편 한국의 이런 좋은 점과는 별개로 제가 지구촌을

한 바퀴 돌아보며 보고 듣고 경험하고 배우려 한 것은 애초에 세 가지였습니다. 고령화로 인한 갈등, 도시에서의 갈등, 이민자와의 갈등이지요. 이 세 가지는 앞으로 우리 한국사회에서 더욱 첨예해질 수밖에 없는 문제로, 다음 세대가 그 책임을 떠안고 해결에 나서게 되리라 생각합니다. 그래서 이 문제를 미연에 방지하고 해결책을 찾아 대응해 가는 것이 필요하다고 판단했습니다. 한국이라는 우물 밖을 벗어나지 않으면, 5000년 동안 주변 국가들의 정세에 의해 수없이 변화를 겪어야만 했던 전철을 또다시 밟을 수밖에 없습니다. 그래서 우물 밖을 나가 지구촌이 어떤 변화 속에 있는지를 눈으로 봐야겠다고 결심했죠.

그런데도 제가 탐구 목표로 삼았던 주제들을 뒤로 제쳐두고 이 주제의 책을 먼저 쓰게 된 것은 시급성 때문입니다. 앞의 세 가지 역시 너무나 빠른 속도로 다가오고 있는 미래이기 때문에 이미 늦은 건 아닐까 걱정하면서도, 제가 새롭게 보고 느낀 점을 먼저 알려야겠다고 마음먹게 할 만큼 쓰레기 문제는 심각합니다.

휴전선에 가로막혀 사실상 섬나라로 살아가고 있는 한국은 이미 글로벌 대기업을 통해 세계경제의 전선에서 적지 않은 역할과 비중을 쌓아왔습니다. 이를 통해 손가락 안에 드는, 지구 역사상 유례없는 성과를 올린 나라로 기록되고 있습니다. 그런데 경제성장의 이면에서 벌어지고 있는 쓰레기 문제를 두고 또 다른 갈등의 씨앗이 만들어지고 있을지 누가 알았겠습니까.

그래서입니다. 환경 분야를, 그중에서도 플라스틱 쓰레기 문제를 먼저 다룬 것은 제가 본 현재와 미래를 여러분에게 더 알리고 해결책을 함께 찾아 나서보자는 호소입니다. 함께 그 길을 떠나보는 것은 어떨까요.

이 책을 추천하며

이동학 지구촌장을 처음 만난 곳은 베트남이었습니다. 대한민국신지식인협회의 베트남 지회를 창립하기 위해 찾았던 차였습니다. 이 촌장이 베트남 사람들 앞에서 초롱초롱한 눈으로 지구를 돌며 느꼈던 새로운 변화를 이야기하던 순간을 여전히 잊지 못합니다.

세상 사람들을 일일이 만나고 세상의 흐름을 공부하겠다며 지구를 유랑하는 사람이 전 세계에 얼마나 될까요? 게다가 가진 돈도 별로 없이 이런 모험을 한다는 것이 예사롭지 않아 보였습니다. 거기에 더해 단순한 관광여행이 아니라 그야말로 구석구석을 거닐며 보고, 듣고, 느끼고, 만나고, 부대끼는 것 속에서 세상의 변화를 몸소 체험한다는 것에 한편으론 그 청춘의 정열이 부럽기도 했습니다.

그렇게 고생스러운 여정을 통해 처음 발간하는 《쓰레기책》은 저에게도, 우리나라에도 시사하는 바가 크다고 생각합니다. 특히나 심각한 문제를 야기시키는 플라스틱 쓰레기 문제와 아무리 강조해도 부족하지 않은 재활용 방안 등은 하루빨리 대책을 마련하고 즉각적으로 실행하지 않으면 안 됩니다. 현재 우리 국토 전체엔 250여 개의 쓰레기산이 만들어져 있고, 이 근본 원인에 대처하지 않으면 5년 뒤 500개의 쓰레기산이 생길지도 모를 일입니다.

저는 2018년 4월부터, 소위 대한민국 쓰레기 대란을 목도하면서 시중에 유통되는 페트병 라벨에 본드를 금지시키자고 호소했습니다. 일본이나 대만처럼 본드가 아닌 점선 라벨을 써서 분리수거를 더 쉽게 만들자는 내용이었지요. 관련 영상은 조회수 194만 뷰로 폭발적인 관심을 받기도 했습니다.

내친김에 이념을 뛰어넘어 순수 환경보호를 위한 가자환경당 창당에도 나섰습니다. 오로지 환경 이슈만을 제기하기 위함입니다. 미래 세대에게 좋은 환경을 물려주기 위한 노력은 현재를 살고 있는 우리의 의무입니다. 환경을 망치는 것을 권리라고만 주장하며 환경을 지켜야 하는 의무를 멀리한다면 미래는 없습니다. 《쓰레기책》이 우리 사회의 경종을 울리는 책으로 역할을 하기를 기대하며 지구촌장 이동학 청년에게 무한한 감동과 신뢰를 보냅니다.

— **권기재** (사)대한민국신지식인협회 회장, 가자환경당 창당준비위원장

이제는 친환경이 아니라 필환경이라고 합니다. 환경에 대한 관심과 중요성이 필수가 된 시대를 반영하는 단어겠지요. 우리가 살고 있는 세상은 우리 것만이 아니라 미래세대로부터 빌려 쓰고 있다는 말을 많이 합니다. 하지만 바로 오늘만을 바라보는 현실을 부인할 수 없습니다. 그래서 다음 세대의 청년들과 아이들을 바라보면 늘 마음이 무겁습니다. 아주 가난했던 나라에서 손가락 안에 드는 부자나라가 되었고 독재의 그늘을 거쳐 민주주의를 성공적으로 이루었다는 자부심이 있지만, '우리가 정말 좋은 나라를 물려주고 있는 것 맞나?' 하는 질문 앞에서는 다시 머뭇거리게 됩니다. 특히 마스크가 없으면 나가기 꺼려질 만큼의 공기 오염과 생수를 사다 먹는 것이 일상일 만큼의 변화가 일어나고 있

음에도, 이러한 사안이 중요한 문제로 논의되기보다 단발성으로 그치는 데에도 아쉬움을 느낍니다. 공기와 물이 위험해지면 경제적으로 이룬 성과나 자유의 나라를 만든 성과는 큰 의미 없이 인류의 삶 자체가 위험에 빠지게 될 것입니다.

이동학 저자의 《쓰레기책》은 단순히 환경적 의미의 쓰레기 문제뿐 아니라, 인류가 만들고 발전시켜온 경제성장 방식, 즉 자본주의와 세계화에 대한 근본적 성찰을 하게 만듭니다. 해온 대로 하는 것이 가장 쉬운 방식이지만, 어쩌면 대전환의 시대에 가던 대로 계속 간다는 것도 의아한 일일 것입니다.

저자가 발로 뛰며 탐구한 문제의식과 해법이 우리 사회의 기성세대와 청년들, 청소년과 어린이들까지 함께 논의할 수 있는 장으로 확장되길 기대합니다. 교육은 물론이고, 삶에서 배우고 느끼고 행동할 때 깨끗한 환경, 지속가능한 환경을 만들 수 있다고 생각합니다.

2015년 문재인 대통령이 더불어민주당의 전신인 새정치민주연합의 당대표를 맡고 있던 시절, 당권재민혁신위원회의 위원장을 맡으면서 최연소 혁신위원인 그와 활동을 같이 한 바 있습니다. 당시 그의 넘치는 혁신에너지와 온고이지신(溫故而知新)의 신중함을 함께 지켜봤습니다.

이 책은 세상을 바꾸고자 하는 저자의 의지와 행동으로 만들어진 값진 결과물입니다. 지구인들의 도움이 없었다면 2년간의 여정이 불가능했을 것이라는 저자의 말처럼, 《쓰레기책》 역시 서로가 서로를 도와 지구 환경 문제를 해결하는 데 좋은 거름이 되길 바랍니다.

— **김상곤** 전 교육부장관 겸 부총리

"젊은이들이 사회문제를 나의 문제로 고민하고 그 해결책을 향해 노력할 때, 그 사회는 미래가 있습니다."

국회의원 시절, 제가 한 청년 공부모임에서 대화를 나누며 드린 말씀입니다. 제가 다시 청년들 앞에서 말씀을 드린다면, 이제는 이렇게 말하고 싶습니다.

"청년들이 환경문제를 나의 문제로 인식하고 해결책 모색에 동참할 때, 인류는 비로소 미래를 기약할 수 있을 것입니다."

전 세계가 환경 재난으로 몸살을 앓고 있습니다. 썩지도 않고 재활용도 안 되는 쓰레기, 지구온난화 등의 기후변화와 미세먼지, 미세플라스틱 같은 해양오염원, 방사능과 환경호르몬 등이 때와 장소를 가리지 않고 우리의 삶을 위협하고 있습니다.

전문가들은 최근 전 세계를 강타한 코로나19 같은 신종 감염병의 창궐도 환경오염과 생태계 파괴에서 비롯된 측면이 크다고 말합니다. 이처럼 환경문제는 더 이상 외면할 수 없는 인류의 시급한 당면 과제가 되었습니다. 미국 시사주간지 〈타임〉은 스웨덴의 청소년 환경운동가 '그레타 툰베리'를 2019년 올해의 인물로 선정했습니다. 이제는 정치사회 분야뿐만 아니라 환경 분야에서도 젊은 활동가들의 목소리와 역할이 커지고 있는 것입니다.

이동학 저자는 앞서 소개한 공부모임에서 만난 청년활동가입니다. 당시 이동학 저자는 사회문제 해결에 남다른 열정을 가지고 있어서 인상이 깊었는데, 이런 청년이 있기에 대한민국의 미래가 참 밝다는 생각도 했습니다. 그 사이 홀연히 지구를 한 바퀴 돌고 왔다고 하니, 그 열정이 부럽습니다. 무엇보다 '쓰레기 문제'에 많은 관심을 갖고 지구촌 곳곳을 직접 둘러보면서 대안을 연구했다고 하니 '지구촌장'이라는 직함에 모자람이 없어 보입니다.

아시다시피, 인천에는 수도권 매립지가 있습니다. 끝없이 사용할 수 있을 것 같던 수도권 매립지도 매립 연한이 이제 겨우 5년밖에 남지 않았습니다. 지금과 같은 매립 방식이라면 머지않아 우리가 버리는 쓰레기는 더 이상 갈 곳이 없습니다. 내 눈에만 보이지 않으면 된다는 생각으로, 땅에 묻고 바다에 던지고 해외로 보내던 일이 이제는 지속가능하지 않게 되었습니다. 무책임하게 버린 쓰레기가 이제는 내 삶을 위협하는 칼이 되어버린 것입니다.

이제 우리 모두가 행동에 나서야 할 때입니다. 미뤄서도 안 되고 미룰 수도 없습니다. 우리 모두가 공론화의 장에서 함께 머리를 맞대고 대안을 찾아 실천에 나서야 합니다. 마침 정부도 2020년을 폐기물 정책 등 자원순환 패러다임 대전환의 원년으로 선포하며 대안 마련에 나섰습니다.

《쓰레기책》을 통해 많은 사람들이 '쓰레기 문제'에 공감하고 동참해주시길 바라봅니다. 또한 우리 사회가 쓰레기 문제의 해법을 찾는 데에 이 책이 좋은 지도와 나침반이 되길 기대합니다. 무엇보다 사회 참여에 관심과 열정이 넘치는 청년들에게 좋은 지침서가 되면 좋겠습니다.

— **박남춘** 인천광역시장

이동학 지구촌장에게 세계여행을 떠난다는 전화를 받은 날이 엊그제 같은데, 벌써 2년이라는 시간이 흘렀네요. 처음부터 단순한 여행이 아닐 거라고 짐작은 했지만, 사회적 문제에 천착하고 일정 부분 대안까지 담아낸 노력에 박수를 보냅니다. 우리 사회에서 꼭 필요한 '환경'을, 구체적으로는 '쓰레기' 문제를 품고 귀국한 것에 큰 감명을 받았습니다.

서울시 역시 세계적인 명성을 가진 도시로 성장해왔고 앞으로도 그럴 것이지만, '지속가능성'이라는 대명제를 실현하기 위해 늘 노력하고 있습니다. 미래에도 매력적인 도시를 유지하기 위해선 디지털, 스마트시티, 역사문화 관광자원, 포용과 개방성 등 수많은 요소를 필요로 합니다. 거기에 이 책에서 지적한 대로 '자원의 순환' 문제는 지속가능, 매력도시, 행복한 도시로 가는 데 필수적인 요소입니다.

서울시장으로서 쓰레기를 안정적으로 처리하기 위해 최선을 다하고 있지만, 현실에서 부닥치는 어려움은 시민들과 함께 풀어갈 수밖에 없습니다. 특히 수도권 매립지의 수용 기한이 5년여밖에 남지 않은 상황에서 올해부터 수도권 매립지 반입 총량제가 실시됨에 따라 생활폐기물 감량이 매우 중요해졌습니다. 그러나 서울시의 노력만으로는 한계가 있습니다. 이 책이 마중물 역할을 해 시민들이 해결책을 고민하고 참여할 수 있게 되기를 기대합니다.

더불어 기후 위기와 관련해서도 서울시는 2012년부터 원전 하나 줄이기를 비롯해, 에너지 부문에서 전환 정책을 펼쳐왔습니다. 이제는 개인의 노력만이 아닌 문명적 수준에서 크고 담대한 변화와 전환이 필요합니다. 함께 걸으면 길이 됩니다. 기후 위기와 쓰레기 문제에 대응하는 그 길이 쉽지는 않겠지만 시민들과 같이 고민하며 함께 걸어가겠습니다. 적절한 시점에 필요한 내용을 담은 이 책을 많은 사람들이 함께 읽었으면 좋겠습니다.

— **박원순** 전 서울특별시장

우리 사회의 가장 낮은 거리에서, 가장 깊숙한 골목에서 쓰레기를 치우는 사람들이 모여 있는 노동자들의 노동조합 위원장 안재홍입니다. 시민들의 삶 속에서 없어선 안 될 존재의 임무를 묵묵히 수행하고 있지만 겉으로 드러날 일도, 시민들의 이목이 집중되는 일도 별달리 없습니다. 하지만 시민들이 걷는 도시의 거리와 골목을 깨끗하고 쾌적하게 만드는 일 자체가 우리에겐 큰 영광이고 보람입니다.

이동학 촌장이 지구를 한 바퀴 돌겠다며 찾아왔을 때, 건강히 잘 다녀오라는 말과 함께 다른 나라의 공무관들이 어떻게 일하고 있는지를 유심히 봐달라고 청했습니다. 이 촌장의 말대로 그 작은 청 하나가 이렇게 멋진 내용을 담은 《쓰레기책》으로 나오게 될 줄은 저도 상상하지 못했습니다. 전 세계를 직접 돌면서 쓰레기의 시작과 끝을 살펴본 최초의 인류가 아닐까도 감히 생각해봅니다.

우리가 하는 일은 시민들의 손을 떠난 쓰레기 뭉치들을 새벽에 치워놓는 일입니다. 그 과정에서 분리수거가 제대로 되지 않은 것들로 인해 공무관들이 다치기도 합니다. 100 *l* 짜리 봉투는 허리를 다치게 하고, 유리나 뾰족한 것들이 담긴 봉투에 손을 베이고 찔리기도 합니다. 또 검정 비닐봉지는 속이 보이지 않아 예측할 수 없기 때문에 속을 다시 확인해야 하는 등 일을 두 번 해야 하는 번거로움도 있습니다.

또 하나 저희끼리 우스갯소리로 하는 이야기지만 양심 없는 사람은 길바닥에 담배꽁초 등의 쓰레기를 버리지만, 조금 양심이 있는 사람은 거리의 구석에 쓰레기를 숨깁니다. 저희 입장에서는 양심 없는 사람이 훨씬 고맙습니다. 왜냐고요? 눈에도 잘 띄고 치우기도 쉬우니까요. 누군가가 쓰레기를 버리면 누군가는 치워야 합니다. 이게 세상의 이치인 것 같기도 합니다. 쓰레기는 가지고 있다가 꼭 거리의 쓰레기통에 넣어주세요.

2020년 《쓰레기책》의 등장이 대한민국 폐기물 문제에 공감대가 많이 형성되는 계기가 되길 기대합니다. 어려운 환경 속에서 일하고 있는 우리 공무관들 역시 늘 그렇듯 묵묵하게 깨끗하고 안전한 도시를 위해 노력하겠습니다.

— **안재홍** 서울특별시청노동조합 위원장, 광진구청 공무관

인간세의 틀과 경계를 넘나드는 이동학 지구촌장의 발걸음이 우리 가까이 있지만 희미했던 '쓰레기'에 닿았습니다. 기후변화, 사막화, 엘리뇨, 라니냐 등 추상적이고 먼 담론이 아닌, 매일의 삶 속에서 내 손에서 태어나는 쓰레기를 통해 인간과 환경, 지구공동체와 지구 시민을 바라본 그의 시야가 현실적으로 다가옵니다.

제가 있는 충남은 전국에서 가장 많은 석탄화력발전의 쓰레기를 배출하고 또 그 피해를 받는 지역입니다. 우리나라 석탄화력발전소 60기 가운데 절반인 30기가 이곳에 밀집되었습니다. 2016년 충남은 전국 온실가스 배출량의 20%, 대기오염물질 배출량의 11%를 차지하며 각각 전국 1위, 2위를 기록했습니다. 오늘도 발전소 굴뚝에서 뿜어져 나오는 온실가스와 미세먼지는 한반도의 환경과 국민의 생명을 심각하게 위협하고 있습니다.

탈석탄과 에너지 전환, 기후 위기 극복의 환경문제는 충남과 대한민국, 나아가 지구공동체가 반드시 풀어야 할 과제입니다. 이동학 지구촌장의 말처럼 상호 연결되어 있는 지구촌에서 더 이상 국가 단위의 생존만을 바라봐서는 안 됩니다. 지구 생태계라는 관점에서 인류와 만물의

공존과 공영을 위해 노력해야 합니다. 현재 충남은 언더투 연합(Under 2 Coalition)과 탈석탄 동맹(Powering Past Coal Alliance)에 가입하여 친환경 에너지 정책에 대한 미래상과 정책 방향을 설정하고, 국제적 협력과 연대의 기틀을 다지고 있습니다.

그러나 거시적인 연대도 결국은 미시적인 삶의 실천에서 출발하고 완성됩니다. 61개국 157개 도시를 걸으며 시민과 도시, 환경과 미래를 고민한 이동학 지구촌장의 발자취가 저와 여러분에게도 전달되길 기대합니다. 그래서 우리가 더한 몇 발자국이 길이 되고 지구촌을 변화시킬 큰 힘이 되길 희망합니다.

— **양승조** 충청남도지사

우크라이나에 배낭 하나를 달랑 들고 찾아왔던 그의 모습을 잊지 못합니다. 그는 막 카자흐스탄에서 왔고, 며칠 뒤 이집트로 간다고 했습니다. 인류가 당면한 문제와 해결책에 대한 열정이 넘쳤습니다. 한국 젊은이들이 글로벌보단 국내지향이고 공동체보단 개인주의에 함몰돼 있을 것이라는 저의 편견이 무너졌습니다.

우리는 밤늦도록 유라시아와 글로벌, 미래, 지정학, 한국의 새로운 국가발전모델 등 상상과 도전의 지도를 그려나갔습니다. 특히 저의 관심사인 우크라이나에서 100만 헥타르 규모의 농업 밸류체인을 만들고, 이 모델을 유라시아로 확대해 농업 실크로드를 만들고 농업과 연관된 환경 에너지바이오 유통물류를 엮는 21세기 실크로드 비전을 공유할 수 있어서 좋았습니다. 스마트팜이 그 앵커 역할을 하고 새마을운동 가나안 농군학교 등 무브먼트를 접목한다면, 신성장동력과 일자리 창출

261

을 넘어 4차 산업혁명의 리더와 글로벌 코리아로 자리매김하는 참 가슴 뛰는 도전의 길이라고 생각하기 때문입니다.

한편 우리 인류는 4차 산업혁명, 지정학회귀, 식량문제, 도덕과 정체성 혼란, 고령화 이슈, 기후변화 등 다양한 글로벌 도전에 직면해 있습니다. 이런 문제를 해결할 수 있는 실력과 국제사회 기여가 앞으로 국제사회의 위상을 좌우할 것입니다.

이러한 현재와 미래의 글로벌 도전이 쓰나미 같이 몰려오는 때에 이동학 촌장의 문제의식은 도시와 국가를 뛰어넘는 담대함과 지혜와 사랑을 가지고 있어 특히 큰 인상을 받았습니다. 지구촌 모두가 연결되어 있다는 토대 위에 보다 지속가능한 방법을 찾아야겠다는 집념도 가지고 있었습니다. 용기와 실천으로 얻은 지구촌의 쓰레기 문제가 도시 사람들만의 동떨어진 생활 문제인 것 같지만 결국 농업, 식량, 강수량, 기온, 석탄발전 등 지구온난화로 연결되어 있습니다.

지구촌을 샅샅이 찾아다니며 글로벌 문제를 객관적 시각으로 바라보고, 문제의 심각성을 국내에 알리려는 이 촌장의 노고에 박수를 보냅니다. 특별히 젊은 세대들이 세계를 무대로 활동하고 세계적 문제점을 가지고 고민하면, 그것이 한국의 꿈이 될 수 있습니다.

《쓰레기책》은 글로벌을 바라보는 창문과 같습니다. 이 안에 문제와 해결을 잘 담고 있습니다. 이 책을 통해 글로벌과 미래에 대한 꿈을 키우고 도전하는 젊은이들이 많아지길 기대합니다.

— **이양구** 전 우크라이나 대사, 외교관

이 책을 추천하며

싸게 만들고 싸게 쓸 때는 더없이 간편하지만 정작 그렇게 모인 쓰레기를 처리해야 할 때가 오면 골치를 앓게 됩니다. 태우자니 공기가 나빠지고, 묻자니 잘 썩지도 않아서 땅이 오염되고 맙니다. 이렇게 보면 쓰레기를 땅에 묻는 게 아니라 우리의 원죄를 묻는 게 아닌가 싶어 씁쓸할 때마저 있습니다.

좋은 음식을 먹고 잘 사는 것도 중요하지만 잔여물을 어떻게 처리하는지도 정말 중요합니다. 지금 같은 생산 · 소비 구조에서는 도무지 좋은 환경을 기대하기 어렵습니다. 이제는 기꺼이 불편을 감수하는 방향으로 우리 사회가 바뀌어야 합니다.

처음부터 쓰레기 발생량을 줄이고, 남은 것도 자원으로 재활용하도록 노력해야 합니다. 땅을 파서 자원을 발굴하지만, 우리 생활 속에서 태우지 못하고 땅에 묻는 것도 다 엄청난 자원입니다. 그것을 잘 분류하고 재활용하면, 자원도 아끼고 비용도 줄일 수 있습니다. 자연을 살리고 환경을 지키는 건 물론, 그 과정에서 일자리도 만들어질 것입니다.

《쓰레기책》은 이런 문제를 아주 단순하고 명쾌하게 잘 보여주고 있습니다. 이 책을 통해 쓰레기 문제가 나뿐만 아니라 우리 후손의 문제이며, 우리 사회가 앞으로도 지속하기 위한 미래의 문제라는 걸 인식하고 행동으로 옮길 수 있는 소중한 계기가 되길 바랍니다.

— **이재명** 경기도지사

 지구를 유랑하는 동안, 제가 가진 생각의 많은 것들에서 전환을 겪었습니다. 세상엔 영원히 옳은 것도, 틀린 것도 없는 것 같습니다. 강자와 약자, 가진 자와 없는 자를 만들어내는 자본주의 체계도 전환을 맞았고요. 보편적 복지의 당위도, 민주주의와 독재의 대결도, 과거와 현재 그리고 미래도 전환을 맞았습니다. 조금이라도 젊은 날 떠났어야 한다는 후회는 조금이라도 뒤늦게 출발해서 다행이라는 것으로 전환됐고, 보면 볼수록 아는 것이 아니라 모르는 걸 깨닫게 된다는 입장으로 전환됐습니다.

 저처럼 지구를 한 바퀴 돌면 환경파괴와 부당한 자본주

의의 민낯을 목격할 수밖에 없을 겁니다. 어쩌면 거대한 전환의 시기에 때마침 그 옆을 지나친 것일 수도 있겠지요. 불행인지 행운인지 모르겠지만, 티끌만큼이나마 그러한 모습들이 부당하다는 것을 인식할 수 있었다는 것. 언젠가 인간의 욕망을 무시한 정책은 실패하기 마련이라는 말을 듣고 고개를 끄덕인 적이 있었지만, 더는 그러면 안 된다는 생각을 했습니다. 욕망을 제어하지 못하는 자유의 무한허용은 결국 지구와 그 생명체들이 치러야 할 대가를 창조합니다. 인간은 이걸 비껴갈 수 없지요.

1등을 할 수 있는 이유는 수많은 꼴찌가 존재하기 때문이고, 돈을 벌어 부자가 되는 것은, 수많은 인간의 노동력과 평등하지 못한 삶의 차이 위에서 달성 가능하죠. 특히나 우리가 채택한 자본주의는 무한한 소비를 촉발시켜야만 하고, 필연적으로 오염원이나 쓰레기를 만들어낸다는 현실 위에 위태하게 서 있습니다. 지구는 이런 무수한 영역에서 상호작용하게 돼 있고요. 더 성장하자는 언어가 더 소비하자는 말과 동일하게 사용되는 한, 우리가 사는 생태 환경이 더 좋아지는 기적은 일어날 수 없을 겁니다. 할 수 있다면, 이 패러다임을 바꾸는 일에 나서고 싶습니다.

어머니로부터 부여받은 지구촌장의 업은 꽤 거대한 담

론을 다룬 것 같지만, 실은 일상을 다루는 일이었습니다. 내가 나를 품고 이웃을 품는 마음을 간직해나갈 수 있다면, 지치지 않고 꾸준하게. 결국 지구를 살리는 것은 나를 살리는 것이죠. 이미 늦었을지도 모른다는 생각이 스치지만, 죽을 때까지 이곳에서 노력하고 행동할 수 있다면 그것만으로도 좋은 것 아닐까. 평생을 자기 꿈이 무엇인지도 모른 채, 살아도 죽은 듯 사는 이들이 많은데 그에 비하면 난 꿈을 가진 것 아닌가. 지구인 모두가 행복했으면 합니다. 아니, 불행한 지구인이 더 적어졌으면 좋겠습니다.

제 평생에 다시 한번 이런 시간이 올지는 모르겠습니다. 한 번 태어나고, 한 번 죽는 일생입니다. 오대양 육대주를 걸어 다닐 수 있었다는 것이 너무나 큰 행운이었습니다. 그것도 아무 탈 없이요. 그리고 그 행운을 물심양면 도와주신 분들이 계십니다. 외국인을 제하고 한국인만 400여 명에 달합니다.

튼튼한 몸 하나만 가졌던 제게 누군가는 차비를, 누군가는 잠자리를, 누군가는 먹을 것을 내어주셨습니다. 저는 호기심과 용기만 단단히 붙들면 되었는데, 지나고 보니 이조차 도와주신 분들이 함께 붙들어주셨기에 가능했습니다. 덕분입니다. 제가 하필 이 시점에 태어나서 여러분들을 만나 호사를 누렸습니다. 그 호사의 시간 동안 배우고 느꼈던 모든 것들이 꼭 우리 사회에 기여될 수 있게 하겠습니다.

평생을 갚아도 못 갚을 도움을 받았지만, 저 역시 평생 누군가를 도우며 살겠습니다. 한 분 한 분 호명하며 그 이야기를 쓰고 싶지만 지면이 허락지 않아 다음에 쓸 책에서 꼭 소개할 수 있길 소망합니다. 참 고맙습니다.

초짜 작가의 졸고를 출판까지 책임져주신 김하늘 팀장님과 김현경 편집자님께도 참 고맙습니다. 두 분을 만난 것도 행운입니다.

끝으로, 늘 부족한 아들을 응원하며 지구촌장에 임명까지 해주시고, 2년여의 시간을 믿고 기다려준 내 어머니 정민희, 묵묵히 내 빈자리에서 어머니를 지키며 동생을 지지해주는 우리 누나 이은서, 임명장 받을 때 사회를 봐주고 축사도 해준 내 조카 하람이한테도 고마워요. 우리가 가족이어서 참 다행이에요. 고맙습니다.

— 이동학 드림

참고 목록

CHAPTER 1

- https://www.professionalplastics.com/kr/Plastics
- (사)한국플라스틱포장용기협회, www.kppca.org
- 위키피디아, ko.wikipedia.org/wiki/플라스틱
- 사이언스 어드밴시스, https://advances.sciencemag.org/content/3/7/e1700782
- 바젤협약, http://www.basel.int/Implementation/Plasticwastes/Overview/tabid/6068

CHAPTER 2

- "꼰다오섬 매립장 포화로 쓰레기 본토 이송", 베한타임즈, 2019. 3. 5
- 베트남 픽토리알, https://vietnam.vnanet.vn
- 베트남 WWF 국제환경기금, vietnam.panda.org
- www.youm7.com/story/2020/1/28/62/4607250
- 한상용, "폭염 속 이집트 최대 쓰레기 마을에 가다", 연합뉴스, 2016. 8. 17
- 송용창, "미국 쓰레기 재활용 포기 도시 급증… 매립·소각으로 후

퇴", 한국일보, 2019. 3. 17
- "Marin County woman helping build better Bay Area with plan to re-use Amazon boxes", abc7news, 2019. 6. 26
- 미국 환경보호국, www.epa.gov
- 박대한, "호주 인구, 이민자 증가에 예상보다 빨리 2천 500만명 돌파", 연합뉴스, 2018. 8. 7
- Gavin Butler and Julian Morgans, "This Is What Australia's Recycling Crisis Looks Like", VICE, 2019. 9. 16

CHAPTER 3

- 오션클린업, www.theoceancleanup.com
- Alex Gray, "90% of plastic polluting our oceans comes from just 10 rivers", World Economic Forum, 2018. 6. 8
- 미국 화학회, https://pubs.acs.org/doi/10.1021/acs.est.7b02368
- 위키피디아, en.wikipedia.org/wiki/Phase-out_of_lightweight_plastic_bags
- activate 포털 시스템, https://activate.reclay.de
- 유광석, "'재활용의 나라' 독일, 쓰레기 수출도 선두… 지구촌, 불법 쓰레기로 몸살", KBS 뉴스, 2019. 9. 1
- 플라스틱 차이나, https://www.youtube.com/watch?v=v0Kif9cugQ0
- 천권필, "필리핀에 쌓인 한국산 쓰레기산… "매일 밤 연기 치솟는다"", 중앙일보, 2020. 1. 1
- 알렉산더 스몰트치크, "중국이 쓰레기통을 닫은 속사정", 이코노미 인사이트 2018년 5월호 101면
- 류빈, "中, 2019년 294개 도시 쓰레기 분리수거 전면 시행", KOTRA 해외시장뉴스, 2019. 7. 16
- "계획보다 25년 일찍 꽉 차버린 중국의 거대 쓰레기 매립지", BBC News, 2019. 11. 16

- 김순태, "실시간 대기 현상을 반영하는 대화형 모델링 시스템 연구", 국립환경과학원, 2016. 12
- 황기현, "중국, 한국과 가까운 동부 연안에 '소각장 227곳' 더 짓는다", 인사이트, 2018. 3. 27

CHAPTER 4

- 강남규, "글로벌 쓰레기통 닫는 중국… 'E-쓰레기 대란'도 온다", 중앙선데이 579호 12면

CHAPTER 5

- 오리기날 운페르팍트, https://shop.original-unverpackt.de
- 김철문, "대만, 세계 쓰레기장 되나… 올 상반기 해외 쓰레기 100만t 수입", 연합뉴스, 2018. 8. 30
- 플라스틱코리아, https://bit.ly/2YDpd7z
- 대만 환경통계, https://erdb.epa.gov.tw
- Lia Savillo, "This Village in the Philippines Is Letting Residents Trade Their Plastic Waste for Rice", VICE, 2019. 10. 11
- Shamani Joshi, "People Can Exchange Trash for Free Food at India's First 'Garbage Cafe'", VICE, 2019. 7. 22
- SF Environment, https://sfenvironment.org/reduceplastic
- Akshar Foundation, www.aksharfoundation.org
- 전승엽 · 이해원, "청소부가 된 까마귀, 이 구역 쓰레기는 내가 맡는다!", 연합뉴스, 2018. 9. 2
- 윤태희, "까마귀 청소부? 네덜란드, 담배꽁초 줍도록 훈련", 나우뉴스, 2017. 10. 10
- "ByFusion Recycles 100 Percent of Plastic Waste into Building Material, Creating Structures in LA and Kauai for World

Oceans Day", Business Wire, 2019. 6. 4

CHAPTER 6

- 文博, "环保组织因臭气诉讼成都最大餐厨垃圾处理企业, 每年6000万吨餐厨垃圾, 科学治理迫在眉睫", 中国环境, 2018. 7. 26
- 뉴욕 음식물쓰레기 박람회, www.foodwastefair.nyc
- 보스턴 푸드뱅크, www.gbfb.org
- 독일 푸드셰어링, https://foodsharing-staedte.org/de/blog/2019-12-06_pm
- 차병섭, ""이대로 가다간 2030년 버려지는 음식물 1초에 66톤"", 연합뉴스, 2018. 08. 21
- 유엔세계식량계획, https://ko.wfp.org/overview
- "Over 820 million people suffering from hunger; new UN report reveals stubborn realities of 'immense' global challenge", UN News, 2019. 7. 15
- 영국 기상청, https://www.metoffice.gov.uk/food-insecurity-index
- 유엔세계식량계획 기후변화 대응, https://ko.wfp.org/climate-action
- Parker Solar Probe, http://parkersolarprobe.jhuapl.edu/The-Mission/index.php#Where-Is-PSP
- 이경재, "나로호, 8000억 vs 3조… 우주산업 투자엔 긴 안목을", 동아일보, 2012. 11. 5
- 조승한, "우주발사체용 로켓엔진이란 무엇인가… 10개국만 보유한 극비기술", 동아사이언스, 2018. 11. 28
- 유럽우주국, www.esa.int
- "Space junk at tipping point, says report", BBC News, 2011. 9. 2
- 미국 항공우주국, www.nasa.gov
- 최준민, "우주 폐기물(쓰레기) 제거 방식에 대한 고찰", 항공우주산

업기술동향 14권 2호, 2016
- 김인유, "용인시, 로드킬 동물 사체 수거전담반 운영", 연합뉴스, 2018. 2. 10

CHAPTER 7

- 호주 국립기후복원센터, www.breakthroughonline.org.au
- 국내난민감시센터, https://www.internal-displacement.org/global-report/grid2019
- 해양표면 전류 시뮬레이터(해양쓰레기 추적기), https://oceanview.pfeg.noaa.gov/oscurs
- 김재삼, "벼농사와 온실가스, 그리고 대안", 기후변화행동연구소, 2018. 5. 15
- 에너지경제연구원 탄소배출 계수, http://www.keei.re.kr/main.nsf/index.html?open&p=%2Fkeei%2Fesdb%2Fe_a5.html&s=
- 국가에너지통계 종합정보시스템, www.kesis.net
- 박기용, ""온실가스 37% 감축 2030년까지 목표"··· 정부, 점검체계 신설", 한겨레, 2019. 10. 22
- "제2차 기후변화대응 기본계획", 관계부처 합동, 2019. 10
- "2022년까지 1회용품 사용량 35% 이상 줄인다", 환경부, 2019. 11. 22

기타

- 라스트오더, www.myrocompany.com
- 김남영, ""동네 식당 남은 음식, 최대 70% 싸게 가져가세요"", 한국경제, 2019. 1. 15
- 김민주, "남은 음식과 녹색 소비자, '앱'으로 만나다", 한경비즈니스, 2018. 8. 8

- 코피아, www.gocopia.com
- 다모고, www.damogo.co.kr
- 김현옥, "모바일앱 서비스로 '음식물 구조' 사업 벌이는 황수린 · 파라스 공동대표", 푸드아이콘, 2019. 9. 2
- 올리오(런던), www.olioex.com
- 손지영, "일본, 남는 음식 활용을 위한 공유서비스 인기", KOTRA 해외시장뉴스, 2018. 10. 19
- 한국폐기물협회, www.kwaste.or.kr
- 남정호, "해양쓰레기의 국가 간 이동에 대한 정책방향 연구", 해양수산개발원, 2004. 12
- '광주형' 생활쓰레기 공부모임, "'광주형' 생활쓰레기 문제의 대안을 찾아서", 마을에서 국가까지 생활쓰레기 大토론회
- "플라스틱의 역사", (사)한국플라스틱포장용기협회
- 안현경, "빈용기보증금 제도의 특징과 운영실태", 환경부 · 한국환경산업기술원
- "미국, 폐기물 재활용 관련 정책 및 시장 동향", 해외환경통합정보시스템
- Christian Schmidt · Tobias Krauth · Stephan Wagner, "Export of plastic debris by rivers into the sea"
- "국가 해양쓰레기 모니터링 1차연도(2008년) 결과 보고서", 국토해양부, 2009. 6
- (주)비엔티솔루션, "2014년 국가 해양쓰레기 모니터링 결과보고서", 해양수산부 · 해양환경관리공단, 2014. 12
- "2017년도 전국 폐기물 발생 및 처리현황", 환경부 · 한국환경공단, 2018
- "중국 생태환경부 생활 폐기물 소각 시설 건설 및 배출 기준 수립에 따른 대기오염 저감 및 측정 관련 기술 진출 유망", 해외환경통합정보시스템
- 박상영, "인공위성과 우주개발의 역사", 세상을 이어주는 통신연합 2009년 여름호
- "Plastics - the Facts 2019", PlasticsEurope, 2019

- "10 TRUTHS ABOUT PLASTICS", AIMPLAS, 2018. 6
- 박상우, "국가별 도시폐기물 소각시설 현황", 환경부 · 한국환경산업기술원, 2017. 1. 18
- "SINGLE-USE PLASTICS", United Nations Environment Programme, 2018
- 장현숙, "주요국의 플라스틱 규제 동향과 혁신 비즈니스 모델 연구", 한국무역협회 국제무역연구원, TRADE FOCUS 2019년 13호
- 박성일, "국제비교를 위한 국제이주 통계: 현황과 과제", IOM 이민정책연구원 통계브리프 시리즈, 2012
- "동물사체 관련 120 접수 민원내용", 2018. 1~8
- "1회용품 함께 줄이기 계획", 관계부처 합동, 2019. 11. 22.
- 송영철, "평화라는 키워드로 짚어본 세계 인구 75억 시대", 유네스코 뉴스, 2017. 7
- "스웨덴 폐기물 처리 2016", 환경부 · 한국환경산업기술원, 2017. 7. 7
- 김순태, "실시간 대기 현상을 반영하는 대화형 모델링 시스템 연구(Ⅲ)", 국립환경과학원, 2018. 12.
- "2030 온실가스감축 기본로드맵", 환경부, 2018
- 유럽환경청, "유럽 내 플라스틱 폐기물 방지", 환경부 · 한국환경산업기술원
- 홍수열, "일회용품 없는 마켓(에코플라자) 도입을 위한 정책 연구", 환경부, 2019. 1
- 장영두, "중국 생활폐기물 소각처리 시장 현황 분석", 한국환경산업기술원
- "폐기물 소각발전 시장성과 비즈니스 시나리오", 국립환경과학원, 2016
- 이신 · 허유경, "폐기물 소각-에너지화 사업", 서울시
- 이윤정 · 김경신, "해양 플라스틱 대응을 위한 산업계 협력 방안 구상", 한국해양수산개발원, 2019. 9

쓰레기책
왜 지구의 절반은 쓰레기로 뒤덮이는가

초판 1쇄 발행 2020년 2월 26일
초판 7쇄 발행 2022년 7월 15일

초판 4쇄부터는 친환경 재생용지를 사용하였습니다

지은이 · 이동학

펴낸이 · 최현선
편집 · 김현경
마케팅 · 김하늘
사진 · 이동학, 위키피디아, 셔터스톡
일러스트 · 김일동, 조진숙

펴낸곳 · 오도스 | 출판등록 · 2019년 7월 5일 (제2019-000015호)
주소 · 경기도 시흥시 배곧 4로 32-28, 206호(그랜드프라자)

전화 · 070-7818-4108 | 팩스 · 031-624-3108
이메일 · odospub@daum.net (소중한 원고를 기다립니다)

ISBN 979-11-968529-0-0(03300)

odos 지구를 살리는 책의 길, 오도스